사랑하는 _____ 에게

_____ 드립니다

_____ 년   월   일

놓치기 아까운 젊은날의 책들

최보기 지음

모아북스
MOABOOKS

놓치기 아까운
젊은날의 책들

최보기 지음

| 차 례 |

머리말 • 12
　젊은날의 독서가 인생을 좌우한다

1 젊은 날, 사색을 탐하라

　순수의 바다에 풍덩 빠져라 • 18
　생텍쥐페리, 『어린왕자』 • 18
　이생진, 『그리운 바다 성산포』 • 18
　후지와라 신야, 『돌아보면 언제나 네가 있었다』 • 22

　'엄마'에 대해 진지하게 생각하라 • 26
　김용택, 『김용택의 어머니』 • 26
　신경숙, 『엄마를 부탁해』 • 26

　미네르바의 올빼미, 밤에 날다 • 31
　움베르트 에코, 『책의 우주』 • 31
　베르나르 베르베르, 『상상력 사전』 • 36
　이중텐, 『이중텐, 사람을 말하다』 • 38

　젊은 그대, 떠나라 • 43
　유홍준, 『나의 문화유산 답사기』 • 43
　류시화, 『하늘호수로 떠난 여행』 • 45
　조연현, 『영혼의 순례자』 • 45
　용호성, 『뉴욕오감』 • 49
　곽영완, 『터키 민족 2천년 사』 • 52
　『무스타파 케말 아타튀르크』 • 52

2 미쳐야狂 미친다及 도전의 특권, 젊음!

간절히 원하면 온 우주가 돕는다 • 55
S. 폴라첵, 『빈센트 반 고흐』 • 56
파울로 코엘료, 『연금술사』 • 60
조은정, 『스물아홉의 꿈, 서른아홉의 비행』 • 65

7전 8기에 기적이 숨어 있다 • 69
차동엽, 『무지개 원리』 • 69
이승복, 『기적은 당신 안에 있습니다』 • 69
김주환, 『회복탄력성』 • 69

31명의 멘토가 당신을 기다린다 • 74
김선걸/ 이승훈/ 강계만 『위대한 결단의 순간』 • 74
이건범, 『미디어몽구 사람을 향하다』 • 79
이철휘, 『살아가면서 한 번은 당신에 대해 물어라』 • 81
조성주, 『스타트업을 경영하라』 • 84

3 더 나은 미래, 그대가 열어라

참을 수 없는 시장의 가벼움 • 88
마이클 샌델, 『돈으로 살 수 없는 것들』 • 88
장하준, 『그들이 말하지 않은 23가지』 • 91
맹찬형, 『따뜻한 경쟁』 • 94

경영의 꽃은 마케팅이다 • 98
알 리스/ 잭 트라우트, 『마케팅 불변의 법칙』 • 98
이명우, 『적의 칼로 싸워라』 • 102
이재구, 『IT 천재들』 • 106
김태욱/김영균, 『소셜마케팅 7가지 법칙』 • 106

세계는 넓고 할 일은 많다 • 110
홍익희, 『유대인 이야기』 • 110
김봉국, 『승자의 안목』 • 113
국제미래학회, 『미래가 보인다 글로벌 미래 2030』 • 116
셰궈중, 『중국이 말하지 않는 중국경제의 진실』 • 119
김명호, 『중국인 이야기 2』 • 121

4 혜성처럼 빛날 젊음을 위해

글쓰기, 기본이 돼버렸다 • 128
이태준, 『문장강화』 • 128
장원교육, 『장원비즈니스한자』 • 133

창의와 용기는 젊음의 상징 • 136
님웨일즈, 『아리랑』 • 136
이나가기 아츠코, 『1평의 기적』 • 140
사토게이지, 『줄서서 먹는 반찬가게』 • 143
임규남, 『회사가 키워주는 신입사원의 비밀』 • 145

나를 키워주는 인간관계론 • 148
에리히 프롬, 『사랑의 기술』 • 148
양창순, 『당신 참 괜찮은 사람이야』 • 153

5 지성의 눈으로, 야성의 힘으로

미래의 답은 과거에 있다 • 158
E.H. 카, 『역사란 무엇인가』 • 158
루스 베네딕트, 『국화와 칼』 • 163
조강환, 『세계사에 빛나는 한국인 영웅』 • 168
푸른역사, 『역사의 길목에 선 31인의 선택』 • 171

최행보, 『오다노부나가와 소현세자』 • 174

과학을 모르면 창의력도 없다 • 179
토머스 쿤, 『과학혁명의 구조』 • 179
빌 브라이슨, 『거의 모든 것의 역사』 • 184
곽영직, 『교양과학고전』 • 188

6 차가운 머리, 뜨거운 가슴

젊음의 황금 코드, 감성 • 194
김소영, 『예술감상 초보자가 가장 알고 싶은 67가지』 • 194
임민수, 『카메라로 명상하기』 • 194
최도빈, 『철학의 눈으로 본 현대예술』 • 199
KBS 제작팀, 『한국의 유산』 • 202

따뜻한 눈으로 돌아보라 • 205
차동엽, 『김수환 추기경의 친전』 • 205
마이클 샌델, 『정의란 무엇인가』 • 208
장은주, 『정치의 이동』 • 213
이건범, 『구의피 시전』 • 216

명불허전, 불멸의 소설들 • 220
이청준, 『당신들의 천국』 • 220
최인훈, 『광장』 • 226
조세희, 『난장이가 쏘아올린 작은 공』 • 231
루쉰, 『아큐정전』 • 235

맺음말 • 241

| 머리말 |

젊은날의 독서가 인생을 좌우한다

"사람은 책을 만들고, 책은 사람을 만든다"

사람이 태어나 제대로 성장하고 성공하기 위해 독서가 얼마나 중요한지를 간결하게 보여주는 외침이다. 나는 '최보기의 책보기'라는 서평 컬럼과 '최보기의 책 읽는 리더'라는 저명인사 인터뷰 기사를 신문에 쓰고 있다. 그러면서 알게 된 분명한 사실이 하나 있다. 지금 대한민국을 이끌고 있는 각계각층 저명인사들 대부분은 상당한 독서량을 과시한다는 것이다. 그런데 그들이 추천하는 '내 인생에 영향을 미친 이 한 권의 책'의 공통점은 대부분이 '청년 시절'에 감명 깊게 읽고 또 읽었던 책들이라는 점이다.

질풍노도의 청춘, 책에 모든 정답이 들어 있다

이 책을 펴낸 이유가 바로 거기에 있다. 청년 시절은 이제 막

싹이 튼 나무와도 같다. 거목으로 성장할 자양분을 스펀지처럼 왕성하게 흡수하는 시기이나 아직은 미약해 바람과 비에 약하다. 부모의 보살핌을 떠나 매사를 스스로 선택해야 하고, 자신의 인생을 스스로 결정해야 한다. 그렇다 보니 질문은 홍수처럼 이어지는데 답은 쉽사리 보이지 않는다.

교실은 물론 부모님도 친구도 쉽사리 답을 주지 못하는 문제들이 한 둘이 아니다. 결국 죽이 되던 밥이 되던 스스로 답을 찾을 수밖에 없다. 그런데 또 그 답을 잘 찾아야 한다. 오답을 정답으로 오인하게 되면 나머지 인생에서 치러야 할 비용이 그만큼 커지기 때문이다.

그래서 청년 시절이 인생에서 가장 중요한 시기인 것이다. 그토록 중요한 정답을 그럼 대체 어디서 찾을 수 있다는 말인가. 그곳이 바로 책이다.

물론 알고 있다. 한국의 젊은이들, 보다 좋은 직장을 위해 사투를 벌여야 한다. 그래야 결혼도 더 잘 할 수 있고, 미래도 더 보장된다. '한가하게 책이나 읽으라니 정말 한가한 소리 하시네' 라 생각할 것이다. 그렇다면 성공한 인생을 사는 리더들이 하나같이 '독서'를 강조하는 외침은 결국 허망한 공염불일 것인가. 절대로 그렇지 않다.

직장도 결혼도 미래도 모두 결국에는 '책 속에 있었다'는 것을 그들은 경험으로 깨달았기 때문이다.

널린 책, 한정된 젊음! 경제 효율적 독서를 위한 길잡이

책은 많다. 많아도 너무 많다. 때문에 어떤 책들을 읽어야 할지 결정하기가 쉽지 않다. 우리의 시간, 특히 젊음의 시간은 무한정 널려있는 것이 아니기 때문이다. 그러므로 젊은이들의 알뜰한 독서를 돕는 경제 효율적 길잡이가 분명히 필요하다.

그 길잡이가 될 수 있도록 그동안 읽고 추천 서평을 썼던 책들 중에 젊은 청춘들이 반드시 읽었으면 하는 책들만 심사숙고 엄선해 추천평을 이 책에 실었다. 젊은 시기 보편적으로 닥칠 수 있는 문제들과 심리상태에 따라 그때그때 골라 읽을 만한 가치가 충분한 책들이다. 21세기 주류 독서 코드로 자리 잡은 '문사철' (인문학 - 문학, 사학, 철학)부터 예술, 교양과학, 정치, 사회, 문화, 경제, 경영, 마케팅, 창업, 자기계발에 이르기까지 모든 책들이 하나같이 청춘의 정신과 육체, 현재와 미래에 크게 쓰일 자양분들이다.

그러므로 목차는 큰 의미가 없다. 시기와 상태, 관심에 따라 끌리는 책을 골라 읽으면 된다. 이 책이 권하는 모든 책을 굳이 다 읽지 않아도 좋다. 다만 유래 없이 젊은이들에게 가혹한 오늘의 한국을 사는 청춘들이 이 책으로 인해 '내 인생에 가장 중요했던 한 권의 책'을 만나게 되길 희망할 뿐이다. 서평이 다소 투박하고 거칠지는 몰라도 추천된 모든 책들은 직접 밑줄 긋고 메모해 가며 꼬박꼬박 읽어 검증한 것들임을 분명히 서약

한다.

 지금껏 한 권 한 권 정성들여 읽고 쓴 서평들이 이 땅의 청춘들을 위해 빛을 볼 수 있어서 무엇보다 기쁘다. 책이 나오기까지 출판사 분들이 많은 애를 써주셨다. 감사드린다.

 몇 년 전 '최보기의 책보기'를 시작할 수 있도록 무조건적 기회를 주셨던 프라임경제 박광선 편집국장님, 순천대학교 이성근 교수님, 매주 수고해 주시는 머니투데이 이언주 기자님, 뉴스핌 김인규 기자님, 프라임경제 최민지 기자님께 감사드린다. '최보기의 책보기'를 말없이 후원해 주시는 코튼월의 이기관 대표님, 지난 몇 년 동안 매주 책 읽고 서평 쓴다고 여행 한 번 제대로 함께 못 간 아내와 아들, 딸에게도 특별히 미안함과 고마움을 전한다. 그리고 오늘 이 책이 나올 수 있는 근본의 힘, 어머니 진달래 여사님, 감사합니다.

이 책 3장에서 소개하고 있는 김명호 작가의 2013년 5월 신간 '중국인 이야기 2부'에서 독서에 대한 참을 수 없는 중요함을 강조한 대목을 여기 남겨 놓는다.

 혁명과 여자와 책을 사랑한 쑨원. 수천 년간 중국의 지도자들은 거의가 독서광이었다. 중국의 국부로 추앙받는 쑨원도 마찬가지였다. 간암으로 세상을 떠나기 직전에도 통증을 참으며 손에서 책을 놓지 않았다. 해외 망명 시절에도 짐 보따리 속에는 책이 가장 많았다. 비 오는 날 우산은 챙기지 않아도 책은 놓고 나가는 법이 없었다. 전쟁터에서 작전을 지휘할 때도 한 손에 신간 서적이 들려있었다. 처음 만나는 사람에겐 '요즈음 무슨 책을 보느냐'고 꼭 물었다. "사람을 치료하는 인의(人醫)로 평생을 지내느니 나라의 환부를 도려내는 국의(國醫)를 하겠다"며 병원문을 닫고 혁명의 길로 들어선 젊은 의사 쑨원은 "정신 똑바로 차리고 상황을 제대로 파악하는 길은 독서 밖에 없다. 몇 끼 굶는 것은 별게 아니지만 책이 없으면 불안하다. 내게는 독서가 밥보다 더 중요하다"고 했다.

봉제산 자락 세심원(洗心園)에서 최보기 쓰다

1
젊은 날 사색을 탐하라

순수의 바다에 풍덩 빠져라
생텍쥐페리, 「어린왕자」
이생진, 「그리운 바다 성산포」
후지와라 신야, 「돌아보면 언제나 네가 있었다」

'엄마'에 대해 진지하게 생각하라
김용택, 「김용택의 어머니」
신경숙, 「엄마를 부탁해」

미네르바의 올빼미, 밤에 날다
움베르트 에코, 「책의 우주」
베르나르 베르베르, 「상상력 사전」
이중톈, 「이중톈, 사람을 말하다」

젊은 그대, 떠나라
유홍준, 「나의 문화유산 답사기」
류시화, 「하늘호수로 떠난 여행」
조연현, 「영혼의 순례자」
옹호성, 「뉴욕오감」
곽영완, 「터키 민족 2천년 사」, 「무스타파 케말 아타튀르크」

순수의 바다에 풍덩 빠져라

생텍쥐베리, 『어린왕자』 | 이생진, 『그리운 바다 성산포』

사람마다 사람을 나누는 기준이 다르다. 필자는 사람을 이렇게 나눈다. 『어린 왕자』, 『그리운 바다 성산포』라는 책을 가지고 수시로 읽는 사람과 그렇지 않은 사람. 이 두 권의 책은 모두 실존하는 인간의 기본적 자아, 선(善)함과 순수함이 대명제이기 때문이다.

* * *

제목이 '어린 왕자'라고 이 책을 동화라고 말하는 사람은 '동화적'이다. 그런 어른들에게 생텍쥐페리는 '어린 왕자를 지금은 어른인 레옹 베르트의 소년 시절에게 바친다' 면서 어린이들에게 용서를 구했다. 그러므로 이 책은 세파에 닳고 지친 어른들이 애초에 타고 났던 선한 마음을 잃지 않기 위해서 읽어야 한다. 성경이나 불경처럼 틈나는 대로 아무 페이지나

읽되 행간에 숨은 뜻이 무엇인지 꼭꼭 씹어야 한다.

'동화쯤이야' 하며 설렁설렁 읽어서는 절대로 『어린 왕자』의 혜택을 기대하기 어렵다. 진지하게 음미해야 그 맛을 알 수 있다. 실체를 모를, 그러나 마음을 조이는 답답한 가시그물을 풀어주는 청량제들을 모두 가지고 있기 때문이다. '코끼리를 삼킨 보아 구렁이'를 보며 그것이 모자가 아니라 코끼리를 삼킨 보아 구렁이라고 생각했던 때를 회복하는 것이다.

어른들은 어린 자녀의 새로운 친구에 대해 '예쁜 목소리나 나비를 채집하는 취미'보다 '키, 몸무게. 아빠의 수입과 직업, 아파트 평수'를 알아야 제대로 이해했다고 생각한다. 그런 어른들에게는 "창가에는 제라늄이 피어있고, 지붕에 비둘기가 있는 장밋빛 벽돌로 쌓은 근사한 집을 보았어요"라고 말하는 것보다 "20억 짜리 집을 보았어요"라고 말해야 "야, 근사한 집을 보았구나!" 하고 감탄한다.

어른들은 '술을 마시는 부끄러움을 잊기 위해' 술을 마신다. 어른들은 갈증을 못 느끼게 해 물 마시는 시간을 일주일에 53분이나 절약할 수 있는 알약을 먹는다. 그렇게 절약한 53분은 '부끄러움을 잊기 위해 마시는 술'에 쓰인다. 어린왕자처럼 그냥 53분 동안 천천히 수돗가에 가서 물을 마시는 것은 어리석은 시간낭비다.

"만약 네가 오후 네 시에 온다면, 난 세 시부터 행복해지기 시작할 거야"는 여우와 어린왕자의 '길들이기'는 사랑의 본 모습이 무엇인지 우리에게 정확하게 가르쳐 준다. 서로에게 '사랑'으로 길들여진 사회야 말로 평화와 자유가 넘치는 사회다.

* * *

그러니 '어린 왕자' 한 번 쯤은 제대로 읽어야 어른이 돼서 어쩔 수 없이 각박한 경쟁의 세계를 살 게 되더라도 가끔씩이나마 '느리게(슬로우) 걸으며, 순수한 인생을 위해' 자신을 되돌아보게 되지 않겠는가.

* * *

이생진 시인의 『그리운 바다 성산포』는 날마다 착한 바다에 풍덩 빠지는 시집이다. 『어린 왕자』 못지 않게 푸른 바닷물로 영혼을 씻어주는 지고지순한 시집이다. 남녀 성우들의 낭송 녹음까지 인터넷 곳곳에 성산포 푸른 물은 지금도 범람하고 있다.

 교장도 바다를 보고, 지서장도 바다를 보고, 구멍을 나온 들쥐도 구멍으로 들어가기 전에 잠깐 바다를 보는 성산포. 다락문 열고 먹을 것을 찾는 손이 그만 풍덩 바다로 빠지는 성산포. 바다가 설교를 하고 목사가 듣는, 술은 사람이 마시는데 취하기는 바다가 취해, 사람보다 술이 더 약한 바다가 '그리운 성산포' 다.

시집에 대해 백마디 말이 무슨 필요가 있겠는가. '설교를 바다가 하고 목사는 설교를 듣는 성산포, 술은 내가 마시는데 취하기는 바다가 취하는 성산포'에 뜨는 '수많은 태양'을 여기에서 보는 것으로 그저 충분하지 않을까 싶다.

아침 여섯시
어느 동쪽에서도
그만한 태양은 솟는 법인데
유독 성산포에서만
해가 솟는다고 부산필거야

아침 여섯시
태양은 수 만 개
유독 성산포에서만
해가 솟는 것으로 착각하는 것은
무슨 이유인가
나와서 해를 보라
하나밖에 없다고 착각해 온
해를 보라

***

생과 사의 경계도, 시공의 흐름도 없는 태고적 바다에 가끔 나와, 세파에 닳고 지친 몸과 영혼을 푸르디 푸른 성산포에 풍덩 빠뜨려 볼 일이다. 아무리 채워도 비워내는 바다, 다 비우면 다시 채워주는 그 바다에 풍덩!

후지와라 신야, 『돌아보면 언제나 네가 있었다』

필자는 한 산악회의 회원이다. 이 산악회에는 고희를 훌쩍 넘기신, 무난하게 인생을 가꾸어 오신 회원 분들이 많은데 이들과 함께 하는 등산은 남다른 기회를 준다.

어느 날이었다. 산 정상에 이르러 멀리 성냥갑 같은 도시를 내려다보며 쉬는 시간에 '성공한 인생을 위한 한 가지 지혜'란 과연 무엇인지를 어르신들에게 여쭈었다. 설왕설래 끝에 답은 다음의 두 가지 정도로 모아졌다.

'겸손해서 손해 본 적 없다. 건강한 놈이 이기는 놈이다.'

어려운 한자성어가 섞인 대단한 비결은 아니지만, 돌이켜 생각할수록 한 자도 틀림없는 말이 아닐 수 없다.

* * *

'인도방랑'의 전설, 후지와라 신야의 신간 산문집. 수 십 년 오지를 헤매던 그가 동경 한복판에서 세상과 인생을 이야기한다. 역시 후지와라! 노작가의 산문은 소설보다 드라마틱하다. 살아온 시간의 무게 때문. 슬프고 외로운 시간을 보내고 있는 분들에게 후지와라 신야를 추천한다. 울림이 크다. 좋은 산문의 첫 번째 요건은 글재주가 아니다. 사람에 대한 따듯하고 웅숭깊은 시선, 관조적으로 삶을 바라볼 수 있는 철학이 우선이다. 인생 9단 노작가의 글이 전하는 혜안과 가르침이 무거우면서도 예리한 이유다.

* * *

이 책은 노교의 젊은이들을 위해 신문에 연재했던 산문 중에 추려낸 14가지 이야기로 구성되어 있다. 하나하나의 이야기가 말 그대로 '파 송송, 무 탁'에 소금 간마저 연한, 맑은 민어국 같은 맛이다. 산 정상에서 얻었던 우리 산악회 백전노장들의 간단한 가르침과 다를 바 없이 명쾌하고 단순하지만 심오하다.

그가 말하는, 돌아보면 언제나 있는 '너'는 바로 '사랑'을 의미한다. 하지만 이 사랑은 죽고 못 사는 격렬한 포옹과 입맞춤으로 이루어진 것이 아니라 긴 막대기로 설익은 감나무를 휘젓는 어린 아이를 지긋한 눈으로 바라보는, 괜찮은 감이라도 하나 얼른 떨어지길 바라는 뒷집 할아버지의 그윽한 눈빛이다. 광대한 강이 아니라 맑은 벌 동쪽 끝으로 옛이야기 읊으며 휘돌아 나가는 실개천이다. 우당탕탕 쉬익쉬익 타오르는 장작불이 아니라 타닥타닥 톡톡, 잔가지들 모아 어린 연기를 뿜는 모닥불이다.

* * *

게다가 이 안에는 돌아보면 항상 있는 '너'에게 줄 감자도 서너 개 들어있다. 노장이 일갈할 만한 천둥폭우 대신, 초록 나뭇잎 사이로 스쳐 내려오는 노인의 미소 같은 따뜻한 가랑비가 밤새 내린다. 통근열차에서 내다보는 풍경 방향만 오른쪽에서 왼쪽으로 바뀌어도 인생은 얼마든지 지금보다 나은 쪽으로 달라질 수 있다며 귓불을 간지럽힌다.
이 노장은 타인에게 신랄했던 젊은 날을 솔직하게 반성한다. 젊은 사진작가를 격려하기 위해 사진 한 점을 일부러 사주는 일도 한다. 매뉴얼 사회 일본답게 매뉴얼 대화만 존재하는 편의점 점원과의 간단한 만남에서도 노작가의 따뜻한 시선과 관심이 느껴진다. 핸드폰의 오르골 벨소리에 실린 사랑 한 스푼이 경쾌하게 울린다. 후지산 그림엽서 같은 맑은 사랑이다.

* * *

일본의 젊은이들에게 '압도적 존재감'으로 자리매김한 노작가 후지와라 신야가 평범한 소시민들을 향해 보내는 따뜻한 눈빛. 격정의 시대를 지나 삶의 원리를 터득, 관조의 단계에 들어선 노인이 만족스러운 미소를 머금고 바라보는 세상. 하루하루 살아가는 일이 힘든 이들에게 건네는 리얼리티 넘치는 응원가. 슬픔 또한 풍요로움이라는 깨달음의 경지.

이 모든 것에 무척 동의하고 싶지만, '찬란한 슬픔의 봄'을 아직 실감하지 못하고 '슬픔 또한 풍요로움'이라는 관조 역시 아직은 낯선 걸 보니, 필자는 아직 더 세상을 살아봐야 하는 듯하다.

'엄마'에 대해 진지하게 생각하라

김용택, 『김용택의 어머니』 | 신경숙, 『엄마를 부탁해』

어머니, 엄마. 이 단어를 읊는 것만으로도 그냥 눈물이 나는 이유를 오십 전엔 모른다. 아직도 '엄마'라고 부를 사람이 있고, "왜 그러냐" 대답해줄 사람이 있다는 것만으로도 그저 고마운 마음, 육십 전에는 모른다.

누구나 어머니는 있다. 누구나 글을 쓴다. 그런데 글 잘 쓰는 사람들은 그렇지 못한 우리가 마음속에는 있으나 미처 글로 표현하지 못하는, '아! 그래, 이 말이야!'를 다정다감한 글로 표현해줄 능력이 있다.

"여자는 약해도 어머니는 강하다."
"신이 모든 곳에 있을 수 없어서 어머니를 보내셨다."
"나실 제 괴로움 다 잊으시고, 기르실 제 밤낮으로 애쓰시는 분"

우리에게 어머니는 이런 분이다. 그 어머니에 대해 한 번쯤은, 정말 한 번 쯤은 조금만 진지하게 생각해 보자.

* * *

 신경숙 작가의 『엄마를 부탁해』는 '엄마의 실종' 후에야 엄마에 대해 깨닫는 중년 딸의 절절한 회한이다. 그런데 작가의 작품 속 어머니는 우리 대부분의 어머니들 이야기다. 우리들 대부분은 어머니의 가슴에 숯 덩어리를 안기며 살았다. 어머니는 항상 남은 음식을 먹는 것이 당연한 줄 알았다. 어머니는 항상 자식들을 위해 희생하는 것이 당연한 사람인 줄 알았다. 어머니는 아파도 아픔을 모르는 사람인 줄 알았다. 어머니는 추위도 추운 줄 모르는 사람인 줄 알았다. 어머니는 자기만의 꿈도, 감정도 없어야 하는 줄 알았다.

 그런데 그것이 아니었다. 어머니도 꿈이 있었고, 감정이 있었고, 사랑하고 싶은 사람이 있었고, 생각이 있는 사람이었다. 그러나 중년의 딸은 아직도 그것을 다 알지는 못한다. 그런 것들이 어머니에게 있다는 것은 어머니 혼자의 중얼거림으로 독자들에게만 전해질 뿐이기 때문이다.

* * *

 『김용택의 어머니』는 살아있는 엄마에 대한 노래이다. 그래서 전자는 아프고, 후자는 훈훈하다. 김용택 시인은 환갑을 훌쩍 넘었다. 한국전쟁이 터지기 전, 일제로부터 해방된 1948년에 자신을 낳은 문맹의 어머니, 박덕성 여사, 동네에서는 몸집이 작고 야무지다고 '양글이'로 불렀다고 한다. 딸 여섯을 내리 둔 다른 집의 막내 딸 이름이 '이제 딸 좀 그만 낳자'는 뜻에서 '끝년이'였던 것처럼. 이것 또한 우리네 어머니의 이야기 그대로다.

＊ ＊ ＊

어느 날 기성회비를 못내 집으로 돌려보내진 고등학생 김용택. 양글이 여사는 닭장에 남은 닭을 모두 망태에 넣고 시오리 길을 나섰다. 닭을 판 돈은 겨우 아들의 차비와 기성회비 정도일 뿐, 어머니가 다시 집으로 돌아올 차비는 없다.
"어매는 어치고 헐라고?"
"나는 걸어 갈란다."
울면서 버스를 탄 아들 뒤로 뙤약볕 도로를 걷던 양글이 여사는 점심을 굶은 때문인지 비틀거렸다. 아들 교육 때문에 학교를 끝까지 못 보낸 딸에게 남긴 여사의 편지는 젊은 엄마의 애닲은 마음을 대변하는, 코 끝 찡한 시 자체이다. 김용택 시인의 글과 함께 하는 황헌만 작가의 사진 역시 한 컷 한 컷이 시처럼 정겹다.

＊ ＊ ＊

신경숙 작가의 『엄마를 부탁해』를 읽고 '엄마' 때문에 내내 저렸던 가슴이 여기서 풀린다. '엄마'의 얼굴이 머릿속을 보름달처럼 채운다.

아래는 인터넷에 떠도는 글이다. '병들어 내버려진 어머니가 아들에게 쓴 글'이라고 한다. 그냥 어머니에 대해 이 글로 대체하고 말자. 더 이야기하는 것이 오히려 사족일 것 같다.

미안하구나, 아들아!
그저 늙으면 죽어야 하는 것인데…
모진 목숨, 병든 몸으로 살아남아
너에게 짐만 되는구나.
여기에 사는 것으로도 나는 족하다.

그렇게 일찍 내 에비만 죽지 않았더라도
땅 한 평 남겨줄 형편은 되었을 것인데
못나고 못 배운 주변머리로
힘겨운 짐, 가난만 물려주었구나.

내 한 입 덜어,
네 집이 가벼워질 수만 있다면
어지러운 아파트 꼭대기에서
새처럼 갇혀 사느니

친구도 있고, 흙도 있는
여기가 그래도 나는 족하다.

행여 어미 혼자 버려두었다고
마음 다치지 말거라.
네 녀석 착하디 착한 심사로
어미 걱정에 마음 다칠까 그게 걱정이다.

그러니 어미 걱정 더 하지 말고
네 몸 건사나 잘 하거라.
행복하거라, 아들아
사랑한다, 아들아

살아 생전 네가 가난을 떨치고
내가 너를 한 번만 더 볼 수 있다면 여한이 없겠다.
네가 행복해진다면
나는 여기가 지옥이라도 상관없다.

미네르바의 올빼미, 밤에 날다

움베르트 에코, 『책의 우주』

베고니아 화분이 놓인 우체국 계단, 어딘가에 엽서를 쓰는 그녀의 고운 손…….
환갑을 넘긴 세기의 가객 조용필의 노래다.
말없이 건네주고 달아난 차가운 손, 가슴속 울려주던 눈물 젖은 편지……. 역시 1951년생인 임창제의 노래다.

　　　　　　＊　＊　＊

'내 그대를 생각함은 항상 그대가 앉아 있는 배경에서 해가 지고 바람이 부는 일처럼 사소한 일일 것이나'로 시작하는 황동규 시인의 「즐거운 편지」는 애간장 녹이는 연애편지의 단골이었다. 펜으로 종이에 꾹꾹 눌러써서는 빨간 우체통에 집어넣거나, 뒷집 아이에게 사탕 사주며 '담배 가게 아가씨'에게 전달시켰던 그 편지들이다.

이런 풍경들이 몽땅 사라져 버렸다. 전자우편(E-mail) 때문이다. 아마 요즘 '편지'와 같은 노래를 부른다면 '내게 더 이상 이메일 보내지 마, 문자도 카톡도 하지 마. 난 네가 싫어' 정도가 적당할지도 모른다.

하지만 이런 우체통 소실 현상은 새삼스러운 일도 아니다. 1999년 김영사에서 출간한 MIT 윌리엄 미첼 교수의 『비트의 도시』만 봐도 그렇듯이 이미 예견되었던 바다. 이 책에서 미첼 교수는 인터넷을 기반으로 한 사이버 공간이 발전하면서 대형 도서관의 열람실과 서고는 작아지고 전자책(e-book)을 위한 외장하드 공간과 네트워크 시설 공간이 커지는 등 도시와 건물들의 구조와 개념이 완전히 바뀌게 될 것이라고 말한 바 있다. 또한 이 책의 예견은 아직까지도 현재진행형이다.

그러니 하루에도 수천, 수만 권이 쏟아져 나오는 종이책(이하 책)의 운명은 어떻게 될 것인가.

* * *

책은 죽지 않는다! 이것이 『책의 우주』가 선언하는 대명제다. 이 책은 이태리의 세계적인 석학이자 손에 꼽히는 애서가, 최근 출간된 『젊은 소설가의 고백』까지 한국에서도 무지하게 많이 읽히는 작가 움베르토 에코와 프랑스의 저명한 시나리오 작가이자 역시 지독한 애서가인 장클로드 카리에르의 대화를 장필리프 드 토낙이 정리한 것이다. 책의 부제는 '세기의 책벌레들이 펼치는 책과 책이 아닌 모든 것들에 대한 대화'라고 붙여져 있는데, 사실 '책과 책이 아닌 모든 것들'은 다소 과장이고 '책과 책이 아닌 많은 것들'에 대한 두 거장의 대화라고 보는 것이 맞을 듯하다.

* * *

이들은 책 시작 부분에서 필름, 마그네틱테이프, 플로피디스켓 등 선풍적으로 인기를 끌었던 기록 수단들이 기술 발전으로 사멸되었음을 지적한다. 또한 이것들이 엄청난 용량의 컴퓨터 하드디스크와 외장하드로 대체되고 있지만 이 또한 전원 없이는 무용지물이라는 점에서 컴퓨터의 득세에도 결국 종이 책은 사라지지 않을 것이며, 그럴 수밖에 없는 인류 문명의 근원을 파고든다.

이들에 따르면 책은 바퀴나 수저 같은 '완전 발명품'이다. 즉 책 고유의 기능을 무력화시키는 새로운 발명품이 나올 수 없다는 뜻이다. 한 예로 TV가 출현하면서 라디오가 영영 사라질 것으로 예견되었지만 라디오의 존재는 여전히 꿋꿋하며, '나꼼수'처럼 경우에 따라 오히려 예상치 못한 진화를 거듭하지 않겠느냐는 설득은 특히 공감된다.

다만 이 두 거장이 책과 동반한 인류문명의 다양성을 논한

'책 이외의 많은 것들' 부분은 충분히 공감이 가지만, '책이 영원할 것이다' 는 주장은 사뭇 무리가 있어 보인다. 이들이 대화를 나눴던 2009년은 스마트 폰이 나오기 전이었기 때문이다.

실로 인터넷, 또는 인터넷 이후의 무언가로 진보하는 인류 문명의 기록과 저장, 보존 방식은 현재 감도 잡기 어려울 만큼 안개 속이다. 최근 스마트 폰이 미래의 동굴 초입에서 일으키는 거대한 돌풍만 봐도 그렇다. 아직 우리는 그 동굴 속으로 제대로 들어가지도 않았다.

이런 상황에서, 글로벌 출판으로 상당한 것들(?)을 얻었을 에코로서는 책의 미래를 낙관하고 싶겠지만 그게 어쩐지 다소 허망한 외침으로 들리는 것을 어쩌랴.

만일 이들도 지금쯤 자신의 핸드폰을 스마트 폰으로 바꿨다면, 아마도 '책의 우주' 에 대해 몇 년 후에는 개정판을 내야 할지도 모른다. 미래에는, 아주 더 먼 미래에는 책이 필수불가결한 어떤 이유로 생존은 하겠지만, 끝내 컴퓨터를 넘어서는 완전발명품의 지위는 잃게 될지 모른다고.

* * *

또 한 가지, 저자들이 유럽 지성인들이다 보니 모든 것이 유럽 기준이라는 부분도 한계로 지적할 수 있다. 쿠텐베르크의 성서 이후 1500년까지 출판된 유럽의 고서(인큐네뷸러)에 환호하는 두 사람이 제작연도 751년으로 추정되는 무구정광대다라니경(목판본이라 뺀다 해도)은 물론, 쿠텐베르크보다 78년 앞서 제작되었으며 더구나 아직도 프랑스 국립박물관에 붙잡혀 있는 유네스코 공식 지정 세계기록유산 직지심체요절에 대해서는 전혀 모르고 있다는 점만 봐도 알 수 있다. 아니면 알면서도 불편한 진실 때문에 모르는 척 했을 수도 있다.

필자가 이 책에 대해 두 거장의 '사유'가 녹아들었다고 평하는 대신, '지식'적 측면에서는 부족하다고 생각하는 이유도 이런 면들 때문이다.

* * *

그럼에도 『책의 우주』는 책의 역사와 미래에 대한 단편적 시사만을 제시하는 필지와 달리, 책을 빙자해 수많은 문명의 구석들을 훑고 다니는 지성적 측면에서 충분히 높이 살만한 책이다.

환상 문학의 거장 레이 브래드버리의 대표작 『화씨 451』에는 책을 불태우는 것이 직업인 청년이 나온다. 그리고 이 책에 '화씨 451'은 종이가 불타기 시작하는 온도이다.

책을 포함해 지구의 모든 것이 불타지 않기 위해 책이란 무엇인지, 어떻게 쓰고 읽어 무엇을 얻을 것인지, 이것들을 어떻게 보존할 것인지 기타 등등을 위해 한 번쯤은 '책의 우주'를 거닐어 보는 것도 충분히 가치 있는 일일 것이다.

베르나르 베르베르, 『상상력 사전』

육체가 건강하면 정신도 건강해진다. 건강한 정신에 도움이 되는 것은 치열한 '고민과 고뇌'가 아닌 '릴렉스'다. 한 번에 다 읽기보다는 옆에 놓아두고서 정신적으로 피곤할 때 잠깐 잠깐 읽으면 아주 좋은 책이 있다. 『아버지의 아버지』, 『뇌』, 『개미』 같은 작품으로 우리에게 익숙한 프랑스 소설가 베르나르 베르베르의 『상상력 사전』이다. 두께가 무려 630페이지다. 위급할 때 호신용 무기로 쓰거나, 스트레스 주는 친구에게 집어 던지기용으로도 안성맞춤이다. 읽다가 졸릴 때 베개로도 딱이다. 베르나르는 특히 이공계 출신이라서 과학적 상상력이 뛰어난 소설가로 유명하다. 『상상력 사전』은 그가 소설을 쓰는 과정에서 공부로 알게 되었거나, 실생활에서 알게 된 수백 가지의 재미있고 기발한 '잡학'들과 '근거 있는 과학적 상상'들을 간단간단하게 언급한 책이다.

'버터 바른 빵이 바닥으로 떨어질 때 하필이면 주로 버터를 바른 면이 바닥 쪽에 닿는 이유, 인류의 먼 조상들 특히 남자들이 팬티부터 입어 성기를 가려야 했던 진짜 이유, 초콜렛 케이크를 맛있게 만드는 법, 만약 우주에 우리 밖에 없다면 무슨 일이 일어날지, 인류의 자존심을 긁어 버린 3가지 사건'이 궁금하다면 이 책을 읽어 볼 것을 강추한다.

[고양이와 개]
개는 이렇게 생각한다.
"인간은 나를 먹여 줘. 그러니까 그는 나의 신이야"
고양이는 이렇게 생각한다.
"인간은 나를 먹여 줘. 그러니까 나는 그의 신이야"

참으로 간명하게 고양이와 개의 특성을 정리하지 않았는가. 실제로 개는 주인을 알아보고, 주인에게 충성을 다하지만 고양이는 주인을 몰라본다고 한다. 고양이는 다만 자기에게 밥을 주는 사람을 알아 볼 뿐이라는 것이다. 〈우석훈, 1인분 인생〉
 이처럼 문화, 역사, 생활, 지리, 철학 등 온갖 분야에 걸쳐 이 천재적인 작가가 톺아 낸 통찰력과 유머감각, 위트가 빛난다. 말 그대로 사전이라 단문 중심이라서 읽기도 참 쉽다. 머리맡에 두고 심사가 복잡할 때 아무 생각 없이 읽다보면 머리가 개운하게 비워지는 책이다.

* * *

비워야 채울 수 있기에 이 책을 권한다. 그리고 창의력, 창의력… 요즘 신입생을 뽑는 대학교는 물론 기업들까지 '창의력 있는 인재'가 화두다. 그 창의력 계발을 위해서라도 이 책은 충분히, 두고두고 펼쳐 볼 만한 가치가 있다. 오만가지 분야 383

편의 '사실과 상상'에 시간 가는 줄 모르고 낄낄 거리게 될 것이다.

이중톈, 『이중톈, 사람을 말하다』

성공회대에서 동양철학을 강의하는 신영복 교수의 옥중서신을 모은 『감옥으로부터의 사색』 중에 「작은 실패」라는 편지가 있다.

이 책에서 선생은 폭우에 잠긴 볏단을 들고 주역의 64궤 중 마지막 궤인 미제(未濟)에 관한 생각을 말한다. 미제는 '어린 여우가 물을 거의 건넜을 때 그만 꼬리를 적시고 말았다. 이로운 바가 없다'는 의미이다.

하지만 그는 이 작은 실패 덕에 전체 국면이 '완결'이 아닌 '미완'에 머물고, 이 미완이 더 높은 단계를 향한 새로운 출발점이 된다는 점에서 미제는 완결을 의미하는 기제(旣濟, 형통함이 적고 처음은 길하지만 마침내 어지러워진다)보다 좋은 궤라고 말한다.

이 작은 실패를 겸손하게 받아들이면 더 크게 나아갈 수 있으며, 그러나 문제는 '실패를 발견'하는 것이 중요하며, 값진 건 실패 자체가 아니라 실패로부터의 교훈이라는 게 편지의 요지다. 이것만 봐도 주역이 삶의 지혜를 가르치는 철학임이 어렴풋이 와닿는다.

* * *

주역의 역사는 3천 년이다. 맹자, 장자, 아리스토텔레스보다 700년이나 앞서 있다. '거북이 등뼈로 점을 치던' 무술이 (서양에서 주로 과학으로 발전하는 대신) 중국에서 지혜의 철학으로 발전했는데, 그것이 주역이다. 즉 주역은 단순히 '3월에 동쪽에서 귀인이 올 수' 나 짚어주는 점술이 아니었다.

그렇다면 주역의 핵심은 무엇일까? 바로 '변화' 다. 궁즉변, 변즉통, 통즉구. 모든 사물은 극에 달하면 변하고, 변하면 통하고, 통하면 오래 간다. 만물 중 오직 변하지 않는 것은 '변한다는 사실' 뿐이다. 기쁨도 뒤집으면 슬픔이고, 슬픔의 꼬리를 기쁨이 물고 간다.

삶은 항상 미제와 기제가 뒤섞여 돌아간다. 그러니 편안할 때 항상 위기를 염두에 두어야 하고, 어렵다고 기죽을 일도 아니다. 옳고 그름, 성공과 실패가 고정불변이라면 우리 삶이 무슨 재미가 있겠는가. 고로 변화를 두려워할 게 아니라 변하지 않는 것을 두려워하라는 가르침은 결국 '도전하는 주역' 으로 귀결된다.

　　　　　＊　＊　＊

　『이중톈, 사람을 말하다』는 이렇게 고전에 대한 명쾌한 강의로 인기 높은 중국의 이중톈 교수가 여섯 번에 걸쳐 강연한 '중국의 지혜'를 엮은 책이다. 주역을 필두로 공자의 중용, 손자의 병법, 노자의 도, 위진 시대 르네상스, 중국식 불교 선종 등 여섯 항목이 전개된다.
　저자가 '고전은 영원한 지혜의 우물이다. 물통만 있으면 언제든 채워서 돌아올 수 있다'고 한 만큼 3천 년 중국인의 키워드인 '원칙, 상식, 변화, 겸손, 절제, 도전, 지혜'의 바다에 한동안 몸을 담가봐도 좋을 것이다.

　　　　　＊　＊　＊

　중용(中庸)의 중은 극단으로 치우치지 말라는 것이며, 용은 현실과 동떨어진, 교과서에서나 가능한 말을 하지 말라는 것을 의미한다. 최선이 아니면 차선을 선택할 줄 아는 융통성, 다양성을 인정하되 원칙을 지키는 통일성이 중용이다. 여기서의 원칙이란 '시대의 상식' 정도로 읽힌다. 그러므로 상식이 통하는 사회가 바로 중용의 사회다. 장삼이사의 눈높이에 맞는 상식을 강조한 공자가 그래서 위대한 스승인 것이다.

* * *

반면에 영원한 인도주의자 노자는 흐르는 물이다. 물은 낮은 곳으로 흐른다. 가장 낮은 곳에서, 가장 낮은 자세로 세상의 모든 것을 받아들이는 바다… 그 겸손의 바다에 모인 가장 유약한 물이 결국엔 바위를 뚫는다. 물이 사실은 가장 강한 것이다. 노자는 삶이란 물처럼 나서지 않고 참는 용기, 그 진짜 용기를 발휘해야 이기는 것이라고 가르친다. 절벽과 바다는 시간 싸움, 결국은 바다가 이기게 된다.

* * *

그러니 안 될 것 같으면 '36계 줄행랑'이 남는 장사다. 노자도 손자도 싸우지 않고 이기는 부전승을 최고로 친다.

싸움에는 상대가 있다. 우리가 최대로 할 수 있는 것은 '지지 않는 것'이지 '이기는 것'이 아니다. 이기는 것은 상대의 실수 때문이다. 늘 이기려면 내가 실수하지 않고, 적이 실수하는 것을 이용해야 한다. 이순신 장군의 23연승 무패도 실수를 꼼꼼히 방지했기 때문에 가능했다는 논리가 들어맞는 대목에서는 탄성을 금할 길이 없다.

* * *

 빈 물통만 있으면 언제나 채워 돌아가는 고전의 샘물에서 떠올린 마지막 한 방울은 '운전하듯 인생을 살라' 는 것이다. 좌회전할 때는 오른쪽을 먼저 보고, 우회전할 때는 왼쪽을 먼저 보고, 후진 할 때는 좌우를 번갈아 살피면 본전은 한다. 인생의 시계추는 왼쪽 벽을 때린 후 딱 그만큼 오른쪽 벽을 때리고서야 정확히 중앙으로 돌아온다.

* * *

 다만, 염두에 둘 것은 이중텐 교수 역시 중국인이라는 점이다. 이 책에서 저자는 중국인들을 '중화민족' 이라고 부른다. 하지만 중화민족은 원래 없었다. 한족 외의 다른 소수민족들을 포용하기 위해 새롭게 만든 '용어' 일 뿐이다. 이는 발해와 고구려의 역사를 중국의 역사로 포함시키려는 '동북공정' 과 맥락을 같이 한다. 중국 지식인들이 자신들의 고전에서 중화민족을 찾아내는 이 순간, '선택 과목' 으로 전락한 우리 국사(國史) 교육의 현주소를 짚어봐야 할 시점이다.

젊은 그대, 떠나라

유홍준, 『나의 문화유산답사기 7편, 돌하르방 어디 감수광』

"사랑하면 알게 되고, 알면 보이나니, 그 때에 보이는 것은 이전과 다르리라."

유홍준 박사의 명저 『나의 문화유산답사기』 1편을 처음 읽은 게 무려 20년도 넘은 것 같다. 그 뻔한 기와집과 돌탑들을 이리도 흥미롭게 글로 풀어낼 수 있구나, 감동이었디.
하지만 지금 다시 1편을 읽지 않는 한, 기억 속에 남아있는 것은 이 책 덕에 알게 되어 글 쓸 때 자주 인용했던 위의 문구와 월출산 쪽 어떤 절의 누렁이 정도다.
음악에 귀가 열리고, 그림에 눈이 뜨이고, 명창은 목이 트인다. 문화유산이 이전과 달리 보이는 그것, 바로 문화의 아름다움은 이 모든 것들의 종합세트라고 결론 낼 만큼 그의 문화유산답사는 매력적이었다.

* * *

당연히 『나의 문화유산답사기』는 보통의 기행문들과 비교할 수 없는 품격이 있다. 우리가 무심코 지나쳤던 허름한 절간의 스러지는 돌탑도 그의 해설을 거치면 예절, 배려, 역사, 풍속, 전설, 스토리에 유머까지 곁들인, 위대한 작품으로 살갑게 다가온다.

미학, 미술사학, 미술평론, 동양철학 등등에 '화려한 말솜씨, 속칭 구라' 까지 무장한 그이기에 가능한 일이겠지 싶다. 그가 최근 『나의 문화유산 답사기 7편, 제주도편』을 펴냈다.

* * *

다들 제주도로 여행 갈 일이 생기면 마음 설렌다고 말한다. 맑은 공기, 빼어난 경관, 드넓은 골프장 덕분이라나. 하지만 거기까지다. "제주도에 가면 골프장 말고는 볼 게 없다"는 어떤 CEO의 푸념에 유홍준 박사는 긴 탄식을 내쉰다. 아마도 그래서 작심하고 제주도를 골골샅샅 훑었나 보다. 『나의 문화유산 답사기』 제 7편은 온전히 제주도 편이다.

* * *

육지 왕국에 조공을 바치던 소왕국 탐라국은 1105년 고려의 지방행정구역 탐라군으로 편입되면서, 그렇게 한반도의 역사에 공식적으로 포함되었다. 추사 김정희가 위리안치됐던 초가집에는 후기 조선의 역사가 날것 그대로 꽉 차 있다. 명문 제주 오현고의 이름은 '오현단'에서 유래됐다. 그 오현 중에 한 사람이 현대사까지 이어지는 노론의 영수 '우암 송시열'이다. '너븐숭이 애기무덤'에는 질곡의 제주 현대사가 묻혀 있다.

'감수광 혼저옵소예'로 친근한 제주어, 사실은 소멸위기 4단계 언어이다. "네가 아무리 대학가서 공부해도 살다 보면 어떤 험한 세상을 만날지 모른다. 배운 것도, 돈도 통하지 않는 세상에서도 저 바다가 있는 한 살아남을 수 있다."며 오늘도 멈추지 않는 제주해녀, 순이삼춘의 '물질'은 자신들의 혼인 그 언어를 지켜내려는 마지막 몸부림인지 모른다. 그곳이 있는 한 살아남을 수 있는 당신의 바다는 어딘가.

류시화, 『하늘호수로 떠난 여행』 | 조연현, 『영혼의 순례자』

후생가외(後生可畏), 논어에 나오는 공자의 말씀이다. 모름지기 뒤 따라 오는 후배(젊은이)들을 두려워하라는 뜻이다. 그러나 공자께서는 '마흔 살, 쉰 살이 넘어도 별 볼일 없으면 그 사람은 두려워하지 않아도 된다'고 하셨다. 참으로 섬뜩한 말이다. 공자님의 그 말씀이 우리에게는 '젊은이 무시하지 말아라, 그가 뭐가 될지는 아무도 모른다'로 의역되었다. 그러니 젊은이는 무조건 해 봐야 한다. 뭐든지 해 봐야 한다. 물론 살인, 강도, 강간, 도둑질, 사기 등등 감옥 갈 일만 빼고. 왜? 젊으니까!

* * *

젊어서 해 봐야 할 것 중에 하나가 여행이다. 여행은 쓸 데 없이 돈이나 축내는 향락이 아니다. 여행은 공부다. 눈과 생각을 넓히는 산 공부다. 중국이든 한국이든 개화기 이후 근대화 시점에서 나라를 주도했던 엘리트들은 어쨌거나 해외에 나가 견문을 넓혔던 유학파들이었다.

어디를 여행하란 말인가. 그건 여기서 논외다. 책을 추천하는 것이지 여행지를 추천하는 것이 아니니까. 다만 '애플의 스티브 잡스'가 젊어서 한참 동안 인도를 여행했다는 것에 주목하자. 그의 천재적인 발상은 영혼의 푸른 버스를 타고 인도를 떠돌며 머리를 씻었던 덕분에 가능했을 것이란 분석가들이 있기 때문이다.

영혼의 푸른 버스는 어디서 탈 수 있을까. 바로 류시화의 '하늘 호수로의 여행'과 조연현의 '영혼의 순례자'라는 인도여행기이다. 두 사람의 여행기는 언제, 어디를, 어떻게 갔더니 재미

있고, 구경거리가 많았다는 일반적인 여행기라기 보다는 깨달음과 지혜를 얻는 과정을 충실하게 재현한 구도기에 가깝다.

* * *

이름과 저서의 제목들만 보면 남녀 구분이 어려운 류시화 시인의 '하늘호수로의 여행'은 깨달음을 탐하는 시인이 쓴 만큼 OECD 30개 나라 중 삶의 질, 행복도 29위라는 오늘의 한국인들이 인도의 '어떤 사람, 어떤 사건'에서 마음의 평온을 얻을 수 있을 지를 친절하게 통찰하고 있다.

정곡을 찌르는 단문과 위트로 웃음과 통쾌함을 유발하는 소설가 이외수의 트위터가 생각나는 이 책을 따라 몸을 실은 히말라야 행 영혼의 푸른 버스… 운전기사가 친구를 만나러 장시간 만원버스를 세워둔 채 사라져 버리는 통에 꼭지가 돌아버린 성급하고 정의로운 한국인이 결국 '얼굴이 아니라 영혼을 바라본다'는 평범한 인도인들에게 설복된다.

류시화는 마침내 "버스는 결국 떠나기로 돼있던 시간에 떠났고, 나는 수천 년 전부터 예정된 시간에 '정확히' 라니켓에 도착했다'고 실토한다.

*　*　*

　조연현은 있는 그대로의 사실(팩트)을 가장 중요하게 치는 신문기자다. (물론 현재도 그가 기자인지는 모른다.) 그런데도 '이사람 기자 맞나?' 할 만큼 '영혼의 순례자'는 담백하고 섬세한 문장력으로 메마르고 각박한 우리의 영혼을 촉촉하게 달래준다. 신문기자의 직업적 본능이 간절한 구도기에 녹아 들어서인지 부자든 가난한 자든 모두가 해탈한 고승 같은 인도인들의 철학과 삶을 군더더기 없이 전해준다. 전생의 데자뷔를 거론하는 등 시인에 걸맞게 괴짜스러운 '하늘호수'을 읽으며 느끼는 평범한 나와의 거리감이 '영혼의 순례자'를 통해 말끔하게 해소된다. 숨어있던 뭔가의 1인치를 찾은 것 같은 포만감에 비로소 빠지게 한다.

　'하늘호수로 여행을 떠난 영혼의 순례자'든 '영혼의 순례자가 하늘호수로 떠난 여행' 이든 순서는 상관없을 것 같다. 아무 책이나 읽다 보면 "당신은 마음이 아픈 사람이니 돈을 받을 수 없다"는 가난한 망고 밭 주인 아줌마를 만나게 될 것이고, 히말라야 설원의 바위 위에 긴 수염의 요기와 함께 앉아 지혜의 만트라를 중얼거리게 될 것이다.

*　*　*

　"너 자신과 타협하지 말고 정직하라. 그러면 누구도 너의 마음을 지배하지 못할 것이다. 기쁜 일이든 슬픈 일이든 그 또한 지나갈 뿐 영원함이 없다는 것을 안다면 어떤 일이 일어나도 마음은 평화를 잃지 않을 것이다. 누가 너에게 도움을 청하거든 신이 존재하지 않은 것처럼 네가 나서서 도우라. 그럼 신이 너를 도울 것이다. 노 프라브럼!"

인생은 정말 "노 프라브럼!"이다. 모두 지나가는 것들일 뿐이다. 그 또한 살아보고 겪어 보면안다.

용호성, 『뉴욕오감』

1990년대 후반, 한 미국의 언론사가 자국민들을 대상으로 미국을 대표하는 소설에 관련한 설문조사를 진행한 적이 있었다. 수많은 소설 중에 20세기 미국을 대표하는 소설의 정수로 뽑힌 작품은 존 스타인백의 『분노의 포도』와 스콧 피츠제럴드의 『위대한 개츠비』였다.

* * *

필자도 이 소식을 국내 언론을 통해 전해들은 뒤 두 소설을 찾아 읽었다. 『분노의 포도』는 대공황 시절 '그래도 내일의 태양은 뜬다'는 절망하지 않는 개척정신을 그린 작품으로 공감이 가는 작품이었다. 특히 젊은 새댁 샤론의 장미가 굶어 죽어가는 낯선 남자에게 젖을 물리며 입가에 미소를 머금는 마지막 장면은 아주 감동적이었고, 미국이 일관되게 추구해온 개척과 개혁의 정신과도 어울린다는 생각이 들었다.

반면『위대한 개츠비』는 모호했다. 이 작품은 1차 대전 후 풍요가 넘치던 뉴욕을 배경으로 성공한 남자 개츠비가 유부녀가 된 옛 애인 주변을 맴돌다가 연정과 오해에 얽혀 죽임을 당하는 스토리다.

아무리 봐도 돈과 불륜을 소재로 한 삼류 드라마 정도의 이야기가 아닐까 싶은데, 어째서 미국인들은 이 작품을 최고로 뽑았을까 선뜻 이해가 되지 않았다. 분명 내가 모르는 미국과 미국 사람들의 뭔가를 형상화한 작품이 아닐까 하는 생각이 들었다.

* * *

이 책의 저자 용호성 씨는 행정학을 전공하고 공무원 생활을 했지만 원래부터 문화와 예술에 관심이 많고 전문 음악평론가로 활동할 정도의 소양을 갖춘 이로서, 공무원 보직도 문화관광체육부 도서관박물관과에 배치를 받았다.

그리고 이 과에 배치를 받은 후부터 저자는 물 만난 고기가 되어 일종의 '도박'을 시작했다. 정보화 바람이 거세게 불던 90년대에 도서관과 박물관에 보관된 방대한 책과 유산들의 디지털 콘텐츠화 작업에 매진하기 시작한 것이다. 이는 앞으로 펼쳐질 디지털 세대를 예견한 선견지명이자 들끓는 열정이 없다면 하지 못할 일이었을 것이다.

* * *

이 끼 많고 열정적인 저자가 쓴 책이 바로 이 『뉴욕오감』이다. 이 책은 그 유명한 개츠비가 살았던 시대로부터 100년쯤 후의 뉴욕을 훑고 있는데, 저자는 문화와 예술에 대한 선진 정책을 공부하기 위해 뉴욕으로 떠났다가 뉴욕과 뜨거운 연애에 빠져버렸다. 그는 1년 반 동안 브로드웨이에서 230개의 공연을 휩쓸며 보았다. 또한 그 수보다 더 많은 전시장을 돌아다녔다. 그런 기록이 바로 이 책 『뉴욕오감』에 고스란히 들어 있다. 뉴욕을 통째로 거꾸로 들어 탈탈 털어낸 듯하다. 눈으로 보고, 코로 맡고, 입으로 먹고, 귀로 듣고, 손으로 구석구석 섬세하게 만져본 뉴욕이 생생하게 느껴진다. 실로 저자의 넘치는 생체적, 지적 에너지에 기가 질릴 정도다.

미국 사람들이 왜 개츠비를 사랑하는지 궁금한 필자 같은 사람은 물론, 뉴욕 거리를 걸어보고 싶다는 꿈을 가진 사람, 문화와 예술을 사랑하는 사람 모두에게 권하고 싶은 책이다.

＊　＊　＊

'뉴욕 제대로 알고 100% 즐기기' 라는 부제처럼 일종의 관광 가이드북 같은 이 책의 겉차림은 애교로 봐주자. 실로 이 책은 운동화를 신은 뉴요커와 구두를 신은 관광객 간의 차이를 읽어 낼 줄 아는 안목을 선사한다. 뉴욕을 알아야 미국이 보이기 시작한다는 저자의 메시지에 고개를 끄덕이게 되는 책이다.

곽영완, 『터키 민족 2천년 사』, 『무스타파 케말 아타튀르크』

우리 속담에 '사공이 많으면 배가 산으로 간다' 고 한다. 지도자가 확실하지 않게 세력이 나뉘거나, 확실한 지도자를 뽑아 그를 중심으로 단결하지 않으면 좋지 않다는 뜻일 거다. 그런데 진짜로 배가 산으로 간 사례가 있다. 바로 1453년 신흥 세력 오스만 투르크(turke) 제국의 술탄(왕) 마흐메드 2세가 유럽의 마지막 자존심이었던 동로마 제국의 수도 콘스탄티노플을 함락시킬 때였다.

　오스만 군대가 난공불락의 콘스탄티노플 성을 공략하기 위해서 보스포루스 해협의 골든혼(금각) 지역으로 함대를 진입시켜야 했지만 동로마군이 해협 입구에 설치한 쇠사슬 때문에 진입을 못하고 지루한 공방전만 벌이고 있었다.

가진 건 군사들 밖에 없던 마흐메드 2세는 골든혼 쪽으로 뻗어있는 산에 길을 냈고, 어느 날 아침 눈을 뜬 동로마 군사들은 골든혼으로 새까맣게 몰려든 오스만 함대에 혼이 나가고 말았다. 군사들이 전함을 밀고 끌어 산 너머 골든혼에다 쏟아냈던 것이다. 그로부터 얼마 못 가 콘스탄티노플은 아시아 쪽의 신흥 강국 오스만 제국에 무릎을 꿇으면서 세기의 전쟁이 끝났고, 이로부터 팍스 로마나(로마에 의한 평화)를 뒤이은 중세 팍스 오스마나 시대의 서막이 열린다.

* * *

그 오스만 제국이 바로 터키(turkey, 투르크 민족) 공화국의 뿌리다. 흔히 터키와 우리나라는 '형제의 나라'라고 한다. 역사적 근거도 충분하다고 한다. 우리 민족이 알타이 산맥 쪽으로 타고 온 유목민이었고, 고구려 연개소문이 돌궐(투르크) 공주와 결혼을 했고, 양국이 국경을 맞대고 있었을 가능성도 크다는 것, 터키어와 한글에 비슷한 단어가 많고, 얼굴 생김새도 유사하다는 점, 그래서 중국이 동북공정에 공을 들이고 있다는 등의 주장이 그러하다.

사실 20세기 초반에 일어난 제 1차 세계대전(어떤 사람들은 유럽대전이라고도 한다)은 서구 열강들의 '오스만 제국 땅 따먹기' 전쟁이었다고 해도 무방하다. 서구의 제국주의 열강들

틈바구니에서 역사 속으로 사라질뻔 했던 오스만 제국, 그러나 '무스타파 케말 아타튀르크' 라는 불세출의 지도자 덕분에 '터키 공화국' 으로 맥을 이으며 오늘까지 건재할 수 있었다.

'아타튀르크' 는 '투르크인의 아버지' 라는 뜻으로 터키인들이 건국의 아버지 무스타파 케말에게 붙여준 성이다. 이 책은 일본의 지배를 받던 2차 대전 전후, 무스타파 케말 아타튀르크 같은 지도자 아래 독립군이 한반도에서 일제와 싸웠더라면 남북으로 갈리는 한반도의 운명도 바뀌었을 거라는 아쉬움이 크게 남게 한다.

* * *

유럽과 아시아가 공존하는 도시 이스탄불! 죽기 전에 꼭 한 번 가보고 싶은 도시다. 기자 출신 곽영완 작가가 펴낸 『터키 민족 2천년 사』와 터키공화국을 세운 영웅 『무스타파 케말 아타튀르크』를 함께 읽으면 비잔틴, 콘스탄티노플, 이스탄불이 사실은 같은 도시의 세 이름인 것도 새삼스럽게 알게 된다.

2

미쳐야狂 미친다及 도전의 특권, 젊음!

간절히 원하면 온 우주가 돕는다

S. 폴라첵, 『빈센트 반 고흐』

파울로 코엘료, 『연금술사』

조은정, 『스물아홉의 꿈, 서른아홉의 비행』

7전 8기에 기적이 숨어 있다

차동엽, 『무지개 원리』

이승복, 『기적은 당신 안에 있습니다』

김주환, 『회복탄력성』

31명의 멘토가 당신을 기다린다

김선걸/ 이승훈/ 강계만 『위대한 결단의 순간』

이건범, 『미디어몽구 사람을 향하다』

이철휘, 『살아가면서 한 번은 당신에 대해 물어라』

조성주, 『스타트업을 경영하라』

간절히 원하면 우주가 돕는다

S. 폴라첵, 『빈센트 반 고흐』

1914년 6월 28일, 탕! 하고 울린 한 발의 권총 소리!
 이 한 발의 권총은 1000만 명 이상의 사망자를 낸 제1차 세계대전의 서막이 되었다. 1909년 10월 26일 하얼빈 역사에서 울린 한 발의 권총은 일제 식민에 대한 조선 민족의 대대적 저항의 불꽃을 불태우는 기폭제가 되었다.
 그리고 1890년 7월 27일, 파리 오베르 언덕에서 울린 또 한 발의 권총 소리는 불꽃처럼 살았던 신의 아들 빈센트 반 고흐를 하늘의 아버지 품으로 돌려보냄으로써, 의사 갓셰의 발언대로 '인류 복지에 커다란 손실을 입힌 날'이 되었다.

* * *

본래는 폴 고갱을 모티브로 삼은 서머 셋 몸의 『달과 6펜스』에 대한 서평을 쓰려던 차에 나도 모르게 이 책에 마음이 끌렸다. 고갱과 고호의 관계를 보다 명확히 파악하기 위해 참고 서적으로 뒤따라 읽었는데, 결국 픽션 열 개의 감동이 논픽션 한 개의 감동을 못 당하는 모양이다.

『달과 6펜스』는 40세의 금융맨인 찰스 스트릭랜드가 쓴 것으로 고갱을 모티브로 삼긴 했으나 내용은 말 그대로 소설적 허구를 통해 구축된 반면, 『빈센트 반 고호』의 경우는 S. 폴라첵이 고호의 편지와 주변 인사들의 기록을 기초 데이터로 소설화한 것으로 거의 전기에 가깝다고 볼 수 있다.

고호를 마지막까지 돌보던 의사 갓셰가 '사망'을 선언했을 때 그의 나이는 37세였다. 그림 신이 들려 정신과 마음까지 갈기갈기 찢어졌던 그의 인생이 접혔을 때, 필자는 '책 보기' 처음으로 주체할 수 없는 눈물을 쏟고 말았다.

시작부터 끝까지 손에 잡힐 듯 가까이에 가냘프게 쪼그려 앉은 순백의 청년, 그의 맑은 영혼의 소리가 귀에 들려오는 듯했다. '나는 지금까지 어디에서 무엇으로 살았는가' 되묻는 그의 슬픈 회한이 내 가슴 속에 차곡차곡 쌓였다가, 마침내 그의 죽음 앞에서 속절없이 터져버린 것이다.

* * *

그는 18세 즈음부터 37세까지 20년을 그림을 위해, 파리 몽마르트에서 몸서리치는 고뇌와 고난을 자초하며 살았다. 동생

이 부디 이번에는 생활을 위해 써달라며 돈을 보내면, 반드시 이번엔 먹을 것을 사겠다고 하면서도 또 화구에 써버리고는 굶주리는 화가, 빵 한 조각과 물로 일주일을 버티며 그림에 온 정열을 쏟다가 마침내 거리에서 혼절해버린 사나이.

정신이 들어 지나가던 행인들이 던져놓은 동전을 걷어차며 '참된 예술가가 거지가 되다니!' 부끄러워 쥐구멍에 숨고 싶어 하던 청년. 그가 처음으로 200프랑이라는 거금을 받고 초상화를 의뢰 받고도 '모델 생긴 대로, 화가 줏대대로' 그렸다가 결국은 일을 그르치는 순간에는, "아, 그냥 남들처럼 예쁘게 대충 그려주고 돈 좀 챙기지, 제발!" 하는 탄식이 절로 나왔다. 하지만 그 고귀한 정신은 역시 '가장 높은 정신은 추운 곳에서 얼음처럼 빛나는 것'이라는 깨달음을 다시 한 번 안겨주었다.

* * *

이 책을 읽으며 내내, 나는 내가 '고호의 동생 테오'였으면 좋겠다고 생각했다. 그는 일찍이 유일하게 형의 천재성을 알아보고 끝까지 변치 않는 우애와 후원을 보낸 동생이었다.

또한 형과 오베르 공동묘지에 나란히 묻혔다. 고호가 귀를 자르는 부분에서는 고갱이 미워지기도 했다. 고호 못지않은 외고집에다 정치적 코멘트에 인색했던 그가 결국은 고호가 스스로 귀를 자르게 만든 원인을 제공했다는 생각이었다.

그 역시 현실 6펜스의 고난을 마다 않고 과감하게 달을 선택한 영웅이었음에도 두 책을 함께 읽게 되면 아무래도 그가 턱없이 손해를 보는 형국이다. 아무려면 어떠랴. 고호에게 고갱은 동료이자 큰 스승임이 틀림없었던 듯하다.

아직도 풀리지 않는 궁금증이 하나 있긴 하다. 고호가 자른 귀는 과연 왼쪽 귀일까, 오른쪽 귀일까? 몇 푼 안 되는 방세 대신 그의 100점이 넘는 그림을 압수한 그 사내, 제발 그림만은 소중하게 다뤄 달라는 고호의 간절한 부탁은 거들떠보지도 않고, 온갖 저주를 퍼부으며 마대자루에 그림을 쓸어 담았던 그 물감집 주인은 고호가 죽은 이후로 얼마나 큰 벼락부자가 되었을까?

고호의 유언으로 이름에서 '빈센트'를 지우게 된 테오의 아들, 고호의 조카는 삼촌과 아버지가 요절한 이후 어떻게 되었을까? 이런 것이 궁금한 필자는 영락없는 속물이겠지만, 이 책은 이런 사소한 삶의 결들이 마치 내 곁 사람들의 것인 듯 생생하게 와 닿는다.

* * *

특별히 최기원 님의 번역본을 권한다. 읽어보면 번역도 예술이라는 것을 느끼게 되리라.

파울로 코엘료, 『연금술사』

「댄싱퀸」이라는 영화가 극장가에 내걸려 큰 호응을 얻은 적이 있다. 내용은 이러했다. 대학생 시절 화려한 춤 솜씨로 신촌의 나이트클럽을 주름잡던 여인이 있었다. 그녀는 댄싱 가수가 되겠다는 꿈을 가지고 있었다. 하지만 결혼 시기가 다가와 변호사와 결혼한 뒤, 아이를 낳고 살림하고, 돈 벌기 바빠지면서 평범한 아줌마로 하루하루를 살아가게 된다.

그러던 어느 날 일생일대 선택의 기로에 서게 된다. 유명한 서바이벌 프로그램 「수퍼스타 K」가 낳은 스타 가수 허각처럼, 그녀에게도 잊고 있던 꿈에 당차게 도전할 수 있는 기회가 열린 것이다.

그렇다고 그녀가 단번에 그 꿈에 도전할 수 있었던 건 아니다. 이미 나이도 든 데다 일상의 안락함에 익숙해진 차에 선뜻 꿈을 찾아 먼 길을 나선다는 건 쉽지 않았을 것이다.

그러나 그녀의 간절함이 기적을 불러왔다. 스포츠클럽 댄스 강사로 일해 왔다는 오랜 경험, 도전의 계기를 제공하고 부추기는 미용실 단짝 친구, 그녀를 기억하는 가요기획사 실장, 그녀를 이해해준 서울특별시장 후보 남편과 유권자 등 많은 사람들의 직접적인 지원과 간접적 격려들이 결국 그녀의 결단에 불을 댕겼고, 그녀를 그토록 원하던 자리에 올려놓았다.

파울로 코엘료가 소설 『연금술사』를 통해 던지는 핵심 메시지도 바로 이것과 연결되어 있다. 그는 이렇게 말한다.

'누군가가 무엇을 이루기 위해 간절히 원하면 온 우주가 힘을 합해 도와주게 되어있다. 그것이 꿈의, 삶의, 우주의, 그리고 신의 섭리다.'

「댄싱퀸」과 마찬가지로 『연금술사』에서는 꿈에 나타난 자신의 보물을 찾아 죽음의 사막을 건너는 한 양치기 청년의 꿈을 온 우주가 어떻게 나서서 돕는지를 감동적으로 입증하고 있다.

* * *

이집트와 지중해를 두세 시간 거리로 마주보고 있는 한 스페인 시골에 산티아고라는 소년이 살았다. 그는 가난한 집에서 태어났지만, 그의 부모는 아들이 신부가 되어 가문의 자랑이 되어주기를 바라며 지극정성 그에게 라틴어와 스페인어, 그리고 신학 공부를 시킨다. 그러나 16살이 된 소년 산티아고는 불현듯 세상을 두루 여행하고 싶다며 양치기가 되겠다고 선언한다.
대번에 난리가 날 일이다. 우리나라로 치면, 대원외고에 다니던 아들이 서울대를 나와 판검사가 되는 걸 포기하고 세상 구경차 관광 가이드가 되겠다는 것이나 다름없는 일이다. 그러나, 아버지! 그렇다. 산티아고에게는 비범한 아버지가 있었다.

아들의 결심을 들은 아버지는 조용히 금화 세 닢을 내놓으며 다음과 같이 말했다.

"지금 네가 있는 이곳이 가장 아름답고 가치 있는 곳이라는 것을 깨달을 때까지 돌아다녀 보거라."

허락을 받은 산티아고는 길을 떠나 양치기로 살아가다가, 선명한 계시와 같은 꿈을 꾸게 된다. 피라미드로 가면 그의 보물을 찾을 수 있다는 계시였다. 결국 그는 그 보물을 찾아 이집트 죽음의 사막을 건너 피라미드까지 가게 되지만, 결국 그가 보물을 발견한 곳은 자신이 종종 양들과 함께 잠을 잤던 스페인 초원의 부서진 교회 무화과나무 밑이었다. 아버지의 선견지명이 드러나는 부분이다.

한편 코엘료는 이 소설 속에서 산티아고가 그의 보물을 발견하기까지, '자아의 신화' 라 불리는 삶의 진리를 깨닫기까지 집시 점쟁이, 살렘의 왕, 연금술을 익히려는 영국 신사, 사막의 연금술사, 그리고 마지막의 강도 군인까지 수많은 조력자들을 등장시킨다. 이 모두는 때로는 산티아고를 고통과 유혹 속에 빠뜨리고, 때로는 그를 채찍질하며 그가 자신의 길을 더듬어 가도록 돕는다. 즉 간절히 원하면 온 우주가 돕는 섭리를 입증하고 있는 것이다.

* * *

또 하나, 여기에는 중요한 개념 네 가지가 등장한다. 우선 두 가지는 '자아의 신화'와 '표지'라는 개념이다. 산티아고가 길을 잃고 헤매거나 포기하려는 순간마다 신의 계시나 싸인 같은 만남과 사건, 표식 등이 나타나는데, 번역한 이는 이것을 '표지'라고 해석하고 있다. 그렇다면 이 '표지'란 무엇일까?

한 사내가 있다. 그는 에메랄드를 캐기 위해 5년 동안 99만 9천 9백 99개의 돌을 깨뜨렸지만 허사였다. 결국 그는 꿈을 포기하기로 하고 화도 나고 안타까워 마지막 돌 하나를 세차게 집어던졌다. 그런데 바로 그 돌이 깨지며 꿈에 그리던 에메랄드가 드러났다. 즉 신이 '던져진 돌'로 변해 그의 삶에 개입한 것이다. 이처럼, 포기하지 않고 돌 한 개만 더 깨뜨리면 에메랄드는 나오게 되어 있다는 의미가 바로 '표지'이다. 신이 우리의 삶을 그렇게 기록해놓았기 때문이나.

또한 '자아의 신화'란 산티아고가 길을 떠나 보물을 찾는 전 여정에서 가장 중요한 동력이 된다. 물론 우리에게 익숙한 개념은 아니나, '자아의 신화'란 결국 끝없이 이루려고 노력하면서 이루게 되는 삶에 대한 '해탈의 경지, 영혼(靈魂)의 삶' 정도로 이해하면 의미가 통할 것 같다.

또 하나, 중요한 것이 있다. 바로 '현재'다. 소설 속의 점쟁이는 자신의 미래를 묻는 전사에게 말한다.

'자신이 언제 죽을지 알고 전장에 나간다면 얼마나 고통스러운 일이겠소. 지나버린 과거에 연연하거나 미래를 알려 하는 대신 오직 현재를 아름답게 하면 그 다음에 다가오는 미래도 아름답게 이어지리라는 삶의 진리, 신의 섭리에 충실하시오.'

마지막으로 '사랑'의 개념도 소설의 핵심을 차지한다. 연금술은 납이나 구리 같은 흔한 광물을 귀한 금으로 바꾸는, 일확천금의 기술이다. 그러나 깊이 들어가면 화학, 종교, 철학적으로 심오하고 복잡해진다. 구리나 납을 금으로 바꾸는 데 성공했다는 연금술사는 공식적으로 없으며, 과학적으로 불가능하다는 판명이 난 지도 오래다.

그럼에도 사막의 연금술사는 우주를 이루는 물, 불, 흙, 공기의 근원 중 근원인 '만물의 정기'를 찾아낸다. 만물의 정기는 고체인 '철학자의 돌'과 액체인 '불로장생의 묘약'으로 나뉜다. 여기서 철학자의 돌은 납을 금으로 바꾸는 핵심이다. 그런데 중요한 것은 나머지 '만물의 정기'의 핵심 인자가 바로 '사랑'이라는 점이다. 즉 진실로 사랑하면 누구나 위대한 연금술사이며, 파울로 코엘료는 그 사랑이란 '대상을 알려고 노력하고, 배려하는 마음'이라고 말한다. 이처럼 '연금술사'는 진정한 삶의 가치와 꿈의 성취에 대한 성찰이라는 일관된 메시지로 시작해 사랑에 종착한다.

나아가 이 책은 쓰고 읽고 배우는 것보다, 꿈을 위한 행동으로 삶 자체를 배우라고 말한다. 실수에 대한 두려움, 실패할지도 모른다는 불안감이야말로 꿈의 성취에 가장 큰 적이라고 말한다. 간단히 영어로 Just do it now!

누구든 뭔가를 간절히 원하면 그것이 이뤄지도록 온 우주가 나서서 돕는다. 신께서 그렇게 기록해놓으셨기 때문이다. 그게 인간 삶의 섭리이다. 마크톱! 모든 일은 신께서 기록해놓으신 대로 되리라. 이 또한 지나가리라.

언뜻 쉬운 것 같지만 찬찬히 두 번은 읽어야 깊은 삶의 성찰을 제대로 길어올릴 수 있는 책이다.

조은정, 『스물아홉의 꿈, 서른아홉의 비행』

'이원세 메가포온~ 윤미라, 박근형 주연~ 눈물 없인 볼 수 없는 영화~ 엄마 없는 하늘 아래 속편이 오늘밤 극장에서 여러분을 기다립니다아~ 손수건 꼬옥 가져오세요~' 오류도 아닌데 자주 눈시울이 붉어지는 책이다. 슬퍼서가 아니라 이 당찬 아가씨의 삶과 도전이 너무나 대견하고, 때론 감동스러워서다. '이거 다 믿어도 되나? 좀 뻥 친 거 아냐?' 하는 마음이 들 정도로.

* * *

저자 조은영 기장은 초등학교 저학년 때 엄마를 잃었다. 그것이 오히려 독립심을 키워 당차게 인생을 헤쳐 나가는 '똑순이'가 될 계기를 제공한 모양이다. 저자 말대로 빈약한 과거는 더 큰 성취를 주는 기회다. 그러나 누구에게나 그런 것은 아니다. 노력하는 사람에게만 그런 것이다. 하늘은 스스로 돕는 자를 도우므로.

* * *

그녀는 '엄마 없이도' 서울에 있는 대학교 산업디자인과에 입학했다. 무기는 영어와 데생. 영어는 고등학교 1학년, 88올림픽 때 육상경기장에서 만난 '멋진 미국 남성'에게 무조건 말을 건 후 시작한 펜팔이 계기였다. 일주일에 3통씩 주고받는 편지를 읽기 위해 영어 사전을 부지런히 뒤지다 보니 그렇게 됐다. 스스로 공부하는 자기주도학습의 전형이다. 될 성 부른 나무는 떡잎부터 다른 것이다.

대학 졸업 후에는 일본계 카드회사를 다니다가, 호텔에서 일하고 싶어 무작정 서울 시내 호텔에 이력서를 보냈다. 물론 짜여진 각본처럼 '진절머리 나게' 이력서를 썼지만 아무 답도 없었다. 그러나 그녀는 호텔 근무를 위해 영어를 보강하며 7전 8기, 1년 후 영어와 일어가 동시에 되는 사람을 뽑는 힐튼 호텔에서 기회를 나눠챘다.

* * *

2001년 그녀 나이 스물아홉, 운명의 3월 어느 날, 호텔에서 체크인을 하던 그녀는 당시 나이 50세 정도, 벽안의 여성 기장 '제니스 스칼라'를 보고 파일럿에 필이 꽂혀버렸다. 여성은 캡틴(기장)이 될 수 없을 것이라는 '편견'이 산산조각 나면서 가슴이 탁 트였던 날이다.

그녀는 캡틴이 되기 위해 일부러 미국 대사관 입사에 도전했다. 오산 미 공군 부대에 에어로 클럽에서 비행훈련을 하기 위해서였다. (복잡하지만 하여튼 그런 제도가 있었나 보다.) 그리고 삼수 끝에 대사관에 들어갔다. 그리고 딱 10년 후인 2011년, 나이 서른아홉에 파일럿의 꿈을 이루었고, 지금은 중국에서 마침내 여성 기장이 되어 이륙 최대 중량 77톤의 에어버스320 비행기를 가볍게 띄우는 유명인사(?)가 되었다.

* * *

엄마 잃은 가녀린 소녀여, 밤하늘에 별들은 암흑 속에서 빛난다. 청년 백수여, 늦더라도 포기하지만 않으면 결국엔 목적지에 도착한다. 불가능해 보이는 것은 허상일 뿐이다. 개천의

용이나 귀인은 어느 날 하늘에서 뚝 떨어지는 것이 아니다. 7전 8기를 세 번만 반복하라.

그리고 모든 이 땅의 사람들이여, 이룬 꿈도 이룰 꿈도 건강이 없으면 만사 무효다. 그리고 항상 초심을 잃지 말자. 이것들이 불혹의 여성 파일럿, 빨간 마후라의 '비행 아가씨' 조은정이 우리에게 던지는 당찬 메시지다.

그야말로 '인생은 속도가 아니라 방향'이라는 말에 딱 들어맞는다. 비행도 방향이 중요하다. 다만, 비행할 때만큼은 승객을 위해 속도도 좀 생각하길 바란다.

7전 8기에 기적이 숨어있다

차동엽, 『무지개 원리』 | 이승복,
『기적은 당신 안에 있습니다』 | 김주환, 『회복탄력성』

처음에는 아무 것도 아니었던 것이 이름을 불러주자 비로소 꽃이 되어 다가온 것처럼, 우리 역시 누군가가 내 이름을 불러주기를 간절히 기도할 때가 있다.
그런 외로움 속에서도, 사람마다 나름의 십자가 하나는 지고 사니 항상 행복하기만 한 사람은 없다고 스스로를 위로한다.

* * *

이 3권의 책은 모두 필자의 대학생 아들에게 읽어 보기를 권했던 책들이다. 아들은 질풍노도의 청년 시절이 영원히 지속될 것으로 안다. 남들은 늙어가도 본인은 항상 대학생일 것으로 생각하나 보다. 그러니 하루하루 너무나 '바쁘시고, 정신이 없으시게' 보낸다. '그래, 젊음을 마음껏 즐겨라. 지금 그렇게 세

월에게 뻐기지 않으면 언제 또 그렇게 해 볼 수 있겠니' 하면서도 다만 안타까운 것은 자신의 미래에 대한 생산적인 고민과 투자에 너무 인색한 것 아닌가 싶은 것이다.

* * *

그런데 정말 명심해야 할 것은 옛 어른들의 속담이 틀린 게 하나도 없다는 사실이다. 살다 보면 절절하게 그걸 깨닫고 후회할 때가 온다. '콩 심은 데 콩 나고, 팥 심은 데 팥 난다'는 속담을 뒤집으면 '콩 안 심으면 콩 안 나고, 팥 안 심으면 팥 안 난다'는 뜻이다.

옛 어른들께서는 또 이런 말씀도 하셨다. "젊은 놈 무시하지 마라, 그가 나중에 뭐가 될지는 절대 모른다" 나중에 뭐가 될지 모르는 것, 그것이야말로 유일무이한 젊음의 특권이다. 그러나 역시 무슨 씨앗이든 뿌렸을 때만 해당되는 말이다.

* * *

고난을 이겨내는 사람을 흔히 정신력이 강한 사람, 도전의식이 강한 사람이라고 한다. 그런데 이 '정신력, 도전의식'이란 단어가 추상적이다 보니 평범한 사람들은 누군가가 어려움을 정신력으로 극복하고 오히려 반전과 성공의 계기를 만들었다는 뉴스를 접할 때마다 '그 사람이 특별한 거겠지, 나 같은 범인들이야' 하면서 자신의 나약함을 합리화해버린다. 정말 그들은 '좌절인'들과 다른 특별한 정신적 DNA를 타고나는 것일까?

전혀 그렇지 않다고 한다. 육체의 근육이 꾸준한 운동으로 강해지는 것처럼 마음에도 근육이 있어 훈련만 잘하면 충분히 강해질 수 있다는 것이다. 이런 주장이 긴가 민가 싶다면 『무지개 원리』, 『기적은 당신 안에 있습니다』, 『회복탄력성』을 읽어 보기 바란다.

＊ ＊ ＊

공학을 전공한 차동엽 신부가 탁월한 과학적 식견을 배경으로 도전의식을 콕콕 찌르는 절묘한 사례들로 엮은 『무지개 원리』는 도전을 자극하는 엔돌핀을 팍팍 돌게 한다. 올림픽체조 미국 국가대표를 꿈꾸다 사고를 당해 입은 전신마비를 극복, 존스 홉킨스 병원 재활의학 수석전문의가 된 이승복의 정신력은 가히 '올림픽 금메달' 감으로 독자를 압도한다.

김주환 교수는 커뮤니케이션을 연구하는 사회학자다. 에세이가 아니라 사람의 심리에 대한 연구보고서인 『회복탄력성』은 아주 절묘하게도 대부분의 『무지개 원리』들을 과학적 실험을 통해 정확하게 증명한다. 절망에 탄력적으로 반응하는 '마음근육훈련'의 방법도 쉬우며 구체적이다. 『무지개 원리』의 엔돌핀과 『기적은…』의 자극이 『회복탄력성』의 과학적 이론과 만나게 되면서 마침내 '그렇다면 나도 해보자'는 자신감이 용솟음치게 된다.

* * *

가중되는 취업난과 경제난으로 온갖 '자기계발서'들이 난무한다. 그런데 대부분의 자기계발서들은 큰 의미가 없다는 것이 필자의 지론이다. 자기계발은 자신의 철학과 의지의 문제이지 테크닉의 문제가 아니라고 생각하기 때문이다. (사실 우리가 방법을 몰라서 자기계발을 못하는 것이 아니지 않은가.)

'강한 의지로 창조하는 행복한 인생'은 타고난 것이 아니라 자신의 마음근육훈련으로 얼마든지 가능하다는 것, 누군가가 자신의 이름을 불러주기를 애타게 기다리는 대신 스스로 자신의 이름을 불러주러 나서는 것이야말로 진정한 자기계발이다. 어쩌면 이 책들이 '그 진정한 자기계발, 미래를 위한 돌변 프로젝트'를 시작할 계기가 될지도 모를 일이다.

* * *

필자 역시 이들 책을 본 후 '21일 그냥 웃기'를 실제로 해봤다. '21일 간만 죽어라 웃으면 뇌에 웃음의 자동근육이 만들어진다. 행복해서 웃는 게 아니라 웃어서 행복해진다.'가 이 세 저자들의 공통된 메시지였기 때문이다. '나만의 십자가로부터 해방되고 싶은 간절함, 좌절금지, 희망권장'은 작심하고 덤벼드는 구체적인 마음훈련으로 가능하겠다는 믿음이 생겼기 때문이다. 그리고 그 효과를 분명히, 아주 톡톡히 봤다.

* * *

세 권의 책을 읽는 순서는 『무지개 원리』, 『기적은…』, 『회복탄력성』으로 잡는 것이 좋겠고, 굳이 세 권을 다 읽지 않아도 된다. 그러나 『무지개 원리』, 『기적은…』 중에 한 권은 반드시 읽었으면 좋겠고, 이 두 권을 동시에 읽는다면 '자기혁신'을 위해 더할 나위가 없겠다.

31명의 멘토가 당신을 기다린다

김선걸/이승훈/강계만, 『위대한 결단의 순간』

매경한고발청향(梅經寒苦發淸香), 매화는 추운 겨울을 이기고서야 비로소 맑은 향기를 뿜는다는 뜻이다. 어려운 시절을 이겨낼 때 특히 와 닿는 구절이다. 강한 바람이 불어봐야 강한 풀을 알아볼 수 있다는 뜻을 가진 질풍경초(疾風勁草) 역시 비슷한 효용이 있는 구절이다.

* * *

필자가 대학을 다녔던 80년대는 숨쉬기 어려울 정도로 공기가 매웠다. 사시사철 최루탄이 터졌다. 심지어 그 매운 냄새는 교정까지도 어지럽혔다. 그 와중에도 휴지로 눈물, 콧물 닦아가며 하루 18시간, 1년 365일을 공부하고 또 공부하는 학생들이 있었다.

판검사가 되기 위한 사법고시, 고위 공무원을 향한 행정고시, 세련된 외교관을 꿈꾸는 외무고시, 가난한 경영대생의 로망 공인회계사(CPA), 메이저 언론사의 기자가 돼 세상을 바꿔보겠다며 언론고시를 준비하는 학생들이었다. 이들 중에는 이미 대학을 졸업하고 군대까지 갔다온 늦깎이 고시생도 수두룩했다.

* * *

그런데 헌법·민법·상법·행정학개론을 파고드는 이 엄청난 수의 수험생들이 수험서가 아닌데도 열광했던 유일한 책 한 권이 있었다. 바로『다시 태어난다 해도 이 길을』이란 책이었다. (그때만큼 고시생들이 열광하는지, 많이 팔리는지는 잘 모르겠으나 지금도 이 책은 계속 나오고 있다.)

수험생들이 이 책을 사랑한 것은 다른 이유가 아니다. 이 책이 온갖 고난과 역경을 헤치고 고시에 합격한 사람들의 고시 공부 과정을 '하나같이 절절하게' 담아낸 수기집이었기 때문이다. 내용 역시 뻔할 뻔 자였음에도 이 책은 공부에 지치거나, 시험에 낙방해 낙담하고, 결국에는 포기하려는 이들에게는 마음을 다잡아주는 보약과 같았다.

그렇다면 고시생도 아닌데 인생이 안 풀리고, 꼬이고, 힘들어서 낙담하는 사람들은 어떤 책을 읽어야 할까?

그런 사람들에게 보약이 돼 줄 책이 바로 지금 소개하는 이 책 '인생의 갈림길에서 후회 없이 도약하라!' 는 부제가 달린 『위대한 결단의 순간』이란 책이다.

* * *

이 책은 매일경제신문에 근무하는 세 명의 기자들이 직접 만나 취재한, 현존하는 28명의 성공한 사람들, 대한민국 1% 아니 어쩌면 0.1%에 들 만한 대단한 과업을 이룬 사람들의 생생한 결단의 스토리다.

물론 28명의 사람 모두를 멘토로 삼을 만하다고 말하기에는 무리가 있을 것이다. 사람마다 생각이 달라 누구는 취향에 맞아도 누구는 취향에 안 맞을 수 있기 때문이다. 그러나 단연코 보장할 수 있는 부분은 누가 이 책을 읽던 최소한 서너 명의 훌륭한 멘토는 구할 수 있을 것이라는 점이다.

* * *

필자는 이 책을 읽고 네 사람의 멘토를 얻었다. 이 책을 읽기 전까지만 해도 나는 손주은 메가스터디 사장에 대해 '사교육을 부추겨 돈을 버는 사람', '가난한 엄마 아빠 등골을 휘게 하는 사람' 이라는 곱지 않은 시선을 가지고 있었다.

그런데 그에게는 상상하기조차 끔찍한 개인적 아픔이 있었다. 차라리 죽거나, 살을 찢는 고통을 잊게 해주는 미친 듯한 몰입이 아니었다면 견딜 수 없었을 그 아픔이 오늘의 메가스터디를 일궈낸 동력이었다는 것을 알고 나자 나도 모르게 눈시울이 뜨거워졌다. 그리고 '부자=속물'이라는 천박한 공식을 넘어 '몰입=치유'라는 주제로 깊이 생각해보게 되었다.

최경주 프로골퍼도 마찬가지로 인상 깊은 스토리를 가지고 있었다. 그는 도대체 PGA를 장악한 골프선수가 나오리라 상상하기 어려운 작은 섬, 완도가 고향이다. 고등학교 때 뭣도 모르고 골프부에 들어갔고, 처음 했던 일은 골프장 공 줍기였다. 그러다가 난생 처음 아이언 7번 골프채를 잡았는데, 그가 친 공이 개울 건너 공동묘지까지 날아갔다고 한다.

그는 지금도 그때의 아이언 감각을 생생하게 기억한다고 술회한다. 골프는 고사하고 야구 방망이도 많이 없던 섬에서 '뜬금없이' 골프를 하겠다고 결단을 내리게 되는, 무한도전의 횃불을 올린 그 순간을 어떻게 잊을 수 있겠는가.

빈 잔, 마음을 비우고 낮춰라. 계단, 인생은 오르고 내리고 반복이니 그런 줄 알아라. 잡초, 비바람에 꺾이거나 죽지 않는 의지를 가져라. 이것이 최경주 멘토가 알려 주는 결단과 성공의 비결이다.

*　*　*

윤부근 삼성전자 사장 역시 울릉도 섬 출신이다. 울릉수산고를 2학년 때 그만두고 혈혈단신 대구로 나왔던 어린 시절, 그때의 결단이 오늘의 그를 만들었다. '위기는 기회, 쫄지 말고 들이대고, 저지르라'는 것이 그의 지론인데, 실로 읽어보면 그의 삶 전체가 그래왔구나 고개를 끄덕이게 된다.

능력 있고 점잖은 정치인 이미지를 가지고 있는 국회의원 정세균은 검정고시로 중학교를 마쳤으나 고등학교에 갈 처지가 못 됐다고 한다. 결국 열네 살 소년이었던 그는 무작정 대도시 고등학교 교장선생님을 찾아가 여기서 공부하게 해달라며 담판을 벌였다고 한다. 어린 그가 수줍고도 대담하게 교장실에 들어가 간절히 자신의 뜻을 밝혔을 그 장면을 상상하면 대견함을 넘어 아름답기까지 하다. 그는 고등학교 때 학교 매점 아르바이트로 생활비를 벌었고 그 시절 그의 별명은 그래서 '빵돌이'였다고 한다.

마지막으로 대형 피자업체 미스터 피자를 일군 정우현 사장의 '절대로 긍정하라, 뼛속까지 긍정하라'는 모토를 얻은 것도 플러스 알파다. 인생은 역시 '매경한고발청향, 질풍경초'인가 보다.

미디어 몽구, 『미디어 몽구 사람을 향하다』

 필자가 근무했던 정보통신 회사의 1995년 연초 사업계획서에 처음으로 '인터넷'이란 단어가 등장했다. 얼마 지나지 않아 이메일과 메신저, 홈페이지 등 인터넷 서비스가 봇물처럼 쏟아졌다. 벤처기업들이 우후죽순처럼 생겨났고, 그 중 일부였던 인터넷 포털 회사들이 지금은 영향력 막강한 공룡기업이 되었다.

* * *

 토머스 S. 쿤이 그의 역작 『과학혁명의 구조』에서 밝힌 '패러다임 쉬프트'가 인터넷으로 인해 생생하게 재현됐다. 인터넷 이전과 이후의 기업, 생활 등 삶의 방식이 혁명처럼 급변한 것이다. 온라인 비즈니스가 새로운 성장 동력으로 떠올랐다. 그런 변화를 빨리 읽고, 빨리 시작한 사람들에게 무한의 기회가 열렸다. 자칭 B급 가수 싸이의 '말춤'이 세계적으로 화제가 될 수 있었던 배경도 결국은 인터넷이다.

* * *

 거론할 수 없을 만큼 수많은 실험과 도전, 성공과 실패가 그

때부터 지금까지 이어진다. 메이저 신문사 기자들이 주축이 돼 인터넷 언론매체를 시작했다. 온라인 비즈니스의 수익모델이 불투명했던 때라 사람들은 얼마 버티지 못할 거라며 그들의 미래를 우려했다. 그러나 그들은 자본 투자자들에게 빠르고 유용한 정보를 차별적으로 제공하면서 오프라인 신문을 병행했다. 당시 온라인 비즈니스 성공의 관건은 '온/오프라인 병합'이었기 때문이다. 멋지게 성공했다. 척박한 언론환경을 아는 일부 사람들은 가히 '신화적'이라고까지 한다. 그 언론사가 바로 「머니투데이」다.

* * *

『미디어몽구, 사람을 향하다』의 주인공 '미디어몽구'도 가히 신화적이다. '미디어몽구'는 김정환이라는 청년 기자(?)의 인터넷상 이름이다. 사람들은 그를 기자라고 부르지만 누구도, 어떤 언론사도 그를 기자로 채용한 적이 없다. 그는 그냥 자기 혼자 기자, 정확하게는 '파워 시사 블로거'다. 그의 진가는 이른바 '1인 미디어'의 가능성을 생생하게 보여준다는 것이다.

그가 가진 것은 카메라와 필기구가 전부다. 제도권 언론의 손이 미치지 않거나 외면(?)하는 곳에 항상 미디어몽구가 있다.

*　*　*

그가 발과 열정과 가슴으로 써서 알리는 우리 이웃들의 이야기, 기사들은 블로그(www.mongu.net)와 트위터(@mediamongu), 페이스북을 통해 독자들에게 공급된다. 어떤 상업적 유혹도 거부하는 그는 뚜렷한 수입도 없다. 팬들의 근근한 후원금이 전부다. 이 책 한 권 사서 읽는 것도 그를, 살아 있는 언론을, 패기로 도전하는 한 청년을 후원하는 일이다.

이철휘, 『살아가면서 한 번은 당신에 대해 물어라』

여기 두 가지 질문이 있다. 첫 번째 질문은 "지금 나를 둘러싼 모든 것을 바꿀 수 있을까?"라는 질문이다. 당신의 대답은 어떤가? 현실적으로 이 질문에 대한 답은 "노(No)"가 될 수밖에 없을 것이다. 그렇다면 두 번째 질문을 보자.
"그렇다면 상황이 좀 더 나아질 수 있도록 내가 할 수 있는 범위에서 작은 일 한 가지를 바꿀 수 있을까?"
아마 이 질문에 대한 답은 "예스(Yes)"가 될 것이다.

＊　＊　＊

"커다란 변화는 이렇게 작은 시도들이 축적되면서 나타난다."

직장인 멘토라고 불리는 다니엘 핑크의 『새로운 미래가 온다』에서 눈에 띄는 대목이다. 혁신적인 도전보다 작은 변화를 시도하라는 충고는 매우 현실적으로 느껴진다.

자신의 저서들에서 그는 현대사회의 새로운 노동 현상으로 '프리에이전트'를 강조하고, 대부분의 사람들은 결국 '영업(판매)'을 잘해야 잘사는 구조 속에 놓여 있다고 분석하고 있다. 그리고 이런 분석과 예측 속에서 우리가 추구해야 할 부분은 개인기, 감성, 공감 등으로 둘러싼 '융화'가 아닐까 싶다.

　　　　＊　＊　＊

'긍정의 힘 연구원' 이철휘 원장이 쓴 이 책 『살아가면서 한 번은 당신에 대해 물어라』 역시 다니엘 핑크의 날카로운 분석들과 일맥상통하는 부분이 많다. 저자 역시 모든 변화와 발전의 원동력으로 융화가 키워드인 '상하좌우 4방향 리더십'을 제안한다.

이 4방향 리더십의 주인공은 항상 '나'다. 이 원장은 조직의 꼭대기에 있는 높은 사람이 아닐지라도 누구나 4방향 리더십의 주역이 될 수 있다고 말한다. 즉 윗사람을 따르고, 좌우 동료를 살피고, 아랫사람을 이끄는 리더십의 관계망을 '나'를 중심으로 이루어질 수 있다는 것이다. 나아가 저자는 그 관계망의 중심에 '나'를 놓는 노하우를 풀어놓고 있다.

거창한 이론이나 화려한 언술, 판에 박힌 자기계발 지침서가 아닌 포 스타(Four Star)장군이었던 저자의 리더십 경험을 정리한 것이라 아주 생생하다. 더구나 그는 ROTC 출신으로 높은 장벽을 넘어 장군이 된 사람이다. 사통팔달의 융화하는 리더십이 그를 그 자리에 올려놓는 핵심 역량이었으리라는 추측이 충분히 가능하다.

* * *

또한 책머리에서 저자의 일침도 눈에 띈다.

"당신이 읽어왔던 자기계발서는 당신의 성공을 위해 존재하는 것이 아니라 작가의 성공과 돈벌이를 위해 존재한다. 당신부터 당신을 긍정하고, 내일의 결과를 바꿀 리더십의 작은 변화부터 시작하라."

모두가 맞는 말이다. 성공은 자기계발서의 탐독에 있는 것이 아니라 작은 변화부터 시도하는 행동에서 시작된다. 이와 관련해 그는 "힘든 시절은 지나가지만 힘든 사람은 계속된다. 어리석은 사람은 똑같은 방법을 반복하면서 다른 결과가 나오기를 기대하는 사람"이라는 '장군의 가르침'을 전해준다. 사방 관계망에서 '나'는 어느 지점에 서있는지 돌아보며 조직 중심에 '나'를 놓는 일을 지금 바로 시작해보자.

조성주, 『스타트업을 경영하다』

흔히 말하길 사업의 성공은 '운칠기삼(운 70%, 자신의 능력 30%)'이라고들 말한다. 저자도 그렇단다. (이 얼마나 솔직한가. 물론 반대로 '기칠운삼'이라고 말하는 사람들도 있다.) 그런데 정말로 크게 성공한 사업가 중에는 '운칠복삼(운 70%, 복 30%)'이라고까지 겸손해 하는 경우도 있다. 그 시기에 그런 법률이 제정된 것, 그때 그 사람을 딱 만난 것, 그때 그 제품이 제대로 개발된 것 등이 운이요, 복이었다는 것이다.

* * *

복과 운을 중요하게 따질 만큼 '백 명이 시작하면 다섯 명이 성공하기 힘든 것'이 사업이라고 한다. 실제로 산업부 기자나 투자가들의 명함첩에서 10년 후에도 여전히 유효한 명함이 몇 장이나 되는지 확인해 보면 왜 저런 말들이 나오는지 이해가

가고도 남는다.

정확한 통계는 어렵겠지만 대도시에서 급매나 경매로 나오는 빌딩 중 아버지로부터 그것을 물려받았던 젊은 사람이 주인일 경우가 적지 않으리라 추측된다. 부자 아버지 덕에 유복하게 자란 후 물려받은 재산으로 특별한 능력이나 경험 없이 이 사업, 저 사업 쉽게 손댔다가 그런 결과를 맞았을 것이다. (속사정이 이런, 빌딩을 구입한 기업가 몇 사람을 알고 있다.)

* * *

저자 역시 '멋모르고, 겁 없이 청년창업을 했던' 사람이다. 그래서 언론에 이름이 상당히 자주 나왔을 만큼 성공했지만, 지금 생각하건대 다시 청년기로 돌아간다면 그렇게 쉽게 창업에 나서기 어려울 거라고 말한다. 정말이지 자신은 운이 좋았다는 것이다. 그러니 창업에 나서려거든 제대로 알고, 제대로 준비하는 것은 기본이라고 말한다. 그렇지 못했던 자신의 경험을 토대로 무엇을 알고, 어떻게 준비해야 할지를 진솔하게 정리해주고 있다. 그래서 제목도 '스타드업(창업)을 경영하다' 이다.

* * *

대학을 졸업하기도 전에 비즈니스를 시작한 이러닝 산업의 1

세대 도전가, 수없이 명멸했던 벤처기업인 중의 한 사람, 그중에 크든 작든 성공을 거둔, 흔치 않은 기업가 중에 한 사람이 저자다. 그러므로 이 책은 '초짜 사업가'에서 회사를 성장시키고, 대그룹 계열사로 회사를 매도하는 것까지 전체 사이클을 직접 겪었던 저자가 '사업가에게 닥치는 크거나 사소한 복병'들을 꼬치꼬치 잡아낸 것들이라서 더욱 값지다.

* * *

언변은 그다지 화려하지 않지만 진솔한 경험담, 책의 내용이 궁금한 사람은 목차만 찾아봐도 저자가 어떤 것들을 짚어주고자 하는 건지 금방 추측이 올 만큼 자상하고 현실적이다.

3
더 나은 미래, 그대가 열어라

참을 수 없는 시장의 가벼움
마이클 샌델, 「돈으로 살 수 없는 것들」
장하준, 「그들이 말하지 않은 23가지」
맹찬형, 「따뜻한 경쟁」

경영의 꽃은 마케팅이다
알 리스/잭 트라우트, 「마케팅 불변의 법칙」
이명우, 「적의 칼로 싸워라」
이재구, 「IT 천재들」
김태욱/김영균, 「소셜마케팅 7가지 법칙」

세계는 넓고 할 일은 많다
홍익희, 「유대인 이야기」
김봉국, 「승자의 안목」
국제미래학회, 「미래가 보인다 글로벌 미래 2030」
셰궈중, 「중국이 말하지 않는 중국경제의 진실」
김명호, 「중국인 이야기 2」

참을 수 없는 시장의 가벼움

마이클 샌델, 『돈으로 살 수 없는 것들』

'돈이 깡패'라는 속된 말이 있다. 그렇다면 정말로 우리는 모든 인간적 가치들이 돈으로 거래되는, 그런 세상에 살고 있는 것일까? 정말 그런 세상이 온다면 결과적으로 '모두의 행복한 공존공생'에는 어마어마한 독이 되지 않을까?

* * *

이 책의 저자인 마이클 샌델 교수는 지난 몇 년 간 한국에서도 밀리언셀러가 되었던 『정의란 무엇인가』의 저자다. 너무 잘 알려져 있어 굳이 구구절절 거론할 필요를 느끼지 못할 정도이다.

그리고 지금 소개하는 이 책은 그의 신간으로서 '돈이면 뭐든지 살 수 있고, 뭐든지 할 수 있다'는 배금주의적인 몰가치의 패악을 경고하는 책이다. 『정의란 무엇인가』를 읽어본 독자라면 선뜻 집어들어도 괜찮을 듯하다.

그러나 한 가지 더 말하자면 『정의란 무엇인가』를 아직 읽지 않았고, 마이클 샌델의 유명세(?) 때문에 그의 책을 읽어볼까 고민 중인 독자라면 이 책 『돈으로 살 수 없는 것들』만 읽어도 충분할 것 같다.

『정의란 무엇인가』 역시 아주 좋은 책이지만, 공리주의 철학자 제러미 벤담부터 존 스튜어트 밀, 칸트, 존 롤스에 이르기까지 서양철학을 종횡으로 누비는 탓에 정리가 잘 안 되는 부분이 있다.

반면 그의 새로운 책 『돈으로 살 수 없는 것들』은 『정의란 무엇인가』에서 다뤘던 비윤리적, 비도덕적, 불공정한 시장거래 사례들 중심으로 엮은 책이라서 상대적으로 읽기도 쉽고 재미도 있다. 또한 두 책 모두에 행복한 공존을 위한 가치의 재평가와 회복이라는 마이클 샌델 교수의 일관된 메시지가 담겨 있어 그의 확고한 가치관을 엿볼 수 있다.

* * *

최근 『정의란 무엇인가』와 동시에 출판계를 뒤흔든 또 하나의 베스트셀러가 있다. 바로 김난도 교수의 『아프니까 청춘이다』라는 책이다. 특히 젊은이들이 이 두 책을 많이 읽은 듯한데, 두 책을 읽고 난 독자들 중에 적지 않은 수가 이런 질문을 던졌다고 한다.

"그걸 누가 몰라? 그래서 어쩌라고?"

이 책을 두고도 같은 질문을 던지는 사람이 있을 텐데, 최근 박범신 작가가 한 인터뷰에서 했던 말들이 이 질문에 답이 될 것 같아서 소개해본다.

『은교』가 출간된 이후 있었던 한 언론 인터뷰에서 그는 "요즘 20대들이 정말로 힘든가?"라는 기자의 질문에 이렇게 말했다.

"자본주의가 지표가 없는 아이들의 욕망을 부추기고 있다. 그렇다고 자본주의를 뒤엎을 수는 없다. 우리가 젊은이에게 가르쳐야 할 것은 자신이 누구인가 하는 정체성을 갖도록 해 내부에서 오는 신호를 수신하게 하는 것이다."

『아프니까 청춘이다』도 좋은 책이다. 하지만 늘 상처 입고 살아가는 것이 인간이며, 그 자기 상처를 보듬는 일도 결국은 사회적 관점에서 이루어지는 것이 훨씬 생산적이다. 박범신 작가가 말한 '내부에서 오는 신호', 이 신호를 수신하기 위해서는 결국 이런 책을 읽어야 하는 것이다.

장하준, 『그들이 말하지 않은 23가지』

 마마, 호환을 넘어 음란비디오보다 무서웠던 IMF구제금융 위기를 빠져 나왔다는 새천년 시작 즈음. 임직원 50명도 안 됐던 어느 벤처기업의 액면가 500원짜리 주식이 코스닥에 상장되어 173배, 정확히 86,500원에 거래되던 '미친 돈잔치'의 끝물. 그 와중에도 부자들은 IMF 덕에 더 부자가 되어 건배도 '이대로!' 였다던 시절. 벤처 잔치 끝나고 갖은 오물과 쓰레기만 난무하던 마당가에 '뭐 먹을 거 없나' 서성거리던 2003년 9월 어느 밤 9시 뉴스.

＊ ＊ ＊

 초로의 한국인 농민. 지구 정 빈대편 멕시코 어느 건물 앞. 바리케이드 위에 매달리듯 불안한 자세. 굵고 낮은 목소리로 '뭔가를' 외치며 자결, 밑으로 굴러 떨어지는 충격적인 현장 화면이 전해지고 있었다. 사건의 원인과 배경을 알고 충격을 받은 게 아니라 한 인간이 스스로 죽음을 선택하고 진행시키는 장면을 생생하게 지켜봐야 하는 것에 '충격'을 받았을 뿐일 만큼 필자는 무지했고, 이기적이었다.
 알고 보니 살신성인의 그는 박애적 농민운동가 '故 이경해' 님이었고, 그가 당시 외쳤던 말은 "따브류티오 킬스 파머스!

(WTO가 농민을 죽인다!)"였다. 이 책에 이 내용이 나오지는 않는다. 다만 읽다 보니 불현듯 '아, 그때 그 사람'이 생각나 다시 인터넷을 뒤져 알아본 것이다.

* * *

일상에 충실(?)했던 2008년 8월, 국내 중소기업의 홍보를 대행해오던 필자의 작은 회사에, IMF는 게임도 안될 만큼 무서운 '서양인 형제'가 나타나 직격탄을 때렸다. 리먼 브라더스! 필자가 아는 것은 이름뿐 그들이 왜, 어디서, 무엇 때문에 멀고도 먼 동방예의지국 코리아, 일면식도 없는 작은 홍보대행사의 생존까지 위협을 가했는지 알 수 없었다. 그래서 필자는 기회가 되면 만사 제치고 미국으로 건너가 그들 형제를 찾아서 '왜 그랬는지' 물어볼 생각이었다. 아직 못 갔다.

* * *

그런데 이제야 범인을 찾았고, 이유를 알았다. 치밀한 그들은 '리먼'이라는 가명을 쓰면서, 미국, 영국 등 강대국의 이익을 대변하는 '자유시장주의 경제학자'들의 어깨에 올라타, 자신들도 더하기 빼기가 안 되는 금융파생상품 설계로 세계경제를 말아먹은, 그랬으면서도 엄청난 봉급으로 여전히 잘먹고 잘

사는, 스웨덴 중앙은행이 노벨의 이름만 빌어 시상하는 1997년 노벨경제학상 수상자 로버트 머튼(Robert Merton)과 마이런 숄즈(Myron Scholes)였다.

* * *

고등학교 때 처음으로 애덤 스미스의 '보이지 않는 손'을 배웠다. 간섭하지 않고 가만히 놔두면 시장이 알아서 수요와 공급을 조절하면서 모두가 잘살게 하는 것이 그 손이고, 공산주의의 계획경제와 다른 자본주의의 꽃이 그 손이라고 배웠다. 이후로는 경제만 아니라 정치, 사회, 종교 등 생활 전반에 '보이지 않는 손'을 경구처럼 신봉하게 되었다.

이제 2008년의 범인을 제대로 찾게 된 것도 시원하지만, 그러한 신봉이 얼마나 가소롭고 무지한 것이었는지를 '그들' 대신. 바보들이 이해하기 쉽게. 한국 출신으로 이렇게 똑똑한 세계적 경제학자가 있었나 놀라도록. 전혀 경제학 같지 않은 경제학으로 '자유시장주의자'들의 오류와 반칙을 말해준 장하준 교수의 글발과 말발에 감탄을 금치 못하겠다.

* * *

남아프리카공화국의 '카푸치노 사회'와 더 이상 개천에서

용이 나올 수 없는 대한민국 교육시스템, IMF와 은행으로부터 돈을 빌리기 위해 '자유시장주의자'들의 요구대로 대문을 활짝 연 결과 그나마 곳간마저 털리고 만 후진국과 대한민국 서민층의 비애와 개선 방향을 명쾌하게 제시하는 장하준 교수 역시 자본주의 경제학자다. 다만 강대국과 후진국, 부자와 서민이 모두 함께 지금보다 더 살기 좋은 자본주의를 제안할 뿐이다. 차후 누군가가 '대한민국, 그들이 말하지 않는 23가지'를 이렇듯 명쾌하게 말 좀 해줬으면 좋겠다.

맹찬형, 『따뜻한 경쟁』

열 길 물 속은 알아도 한 길 사람 속은 모른다. 취업하는 이들에게 회사도 마찬가지다. 선택한 회사가 좋은지 어쩐지는 다녀봐야 알고, 실제로 이익을 많이 내는지도 장부를 들여다봐야 안다.

* * *

장기간의 경제 침체와 자유시장주의 경제 정책의 부작용으로 일자리와 부의 양극화가 심해지면서 공기업, 공공기관, 공무원에 대한 취업 열기가 그야말로 하늘을 찌를 것 같다. 호사가들은 공직을 두고 '신이 내린 직장, 신이 숨겨놓은 직장, 신도 모르는 직장'이라며 호들갑을 떤다. 자연히 이런 직장에 다니는 사람은 '신의 아들'이 된다.

* * *

김대호 사회디자인연구소장(저서 『2013년 이후』), 김광수 경제연구소장(저서 『경제학 3.0』), 우석훈 경제연구소장(저서 『1인분 인생』) 등 재야 경세가들은 우리나라의 사회안전망이 너무 부실해 패자가 부활할 기회가 없는 것이 위기의 근본이라고 일관되게 주장한다. 사회적 안전장치 없이 양극화만 심화되다 보니, 개인의 노력만으로도 올라갈 수 있었던 사다리가 모두 망가지고 있다는 것이다.

개천에서 용이 날 수 없게 된 교육 사다리. 가난한 정치 신인을 위한 선거 사다리, 벤처 정신과 기술, 아이디어만으로 큰 회사를 일구어낼 수 있는 시장 사다리의 중간 중간이 부러졌다. 한 번 패자로 미끄러지면 다시는 올라올 수 없기에 학부모들은 자녀들의 '인 서울'을 향해 목숨을 걸고, 청년들은 '스펙과 실업'에 짓눌려 빛나는 청춘마저 잃어버렸다. 승자도 패자도 없이, 쏘면 나가는 전파 같은 세상이라면 얼마나 좋겠냐마는 현실은 엄연히 경쟁의 논리가 작동할 수밖에 없다.

그럼에도 이런 상황에서 많은 사람들이 패자도 부활이 가능한 따뜻한 사회를 갈구한다. 그런 사회를 위한 세대 간, 계층 간의 국민적 합의를 소망한다. 스위스가 대공황 이후 국민적 대 타협으로 오늘날의 부유하고 따뜻한 나라를 이룬 것처럼, 우리도 '승자들'의 '패자들'에 대한 배려와 양보가 어느 때보다 필요한 시점이다. 이 책 『따뜻한 경쟁』은 그런 취지와 잘 걸맞은 책이다.

* * *

저자는 연합뉴스 제네바 특파원이다. 한국에서 사회부, 정치부, 경제부, 산업부 기자를 두루 거쳐 유엔사무국이 있는 제네바로 갔다. 한국과 스위스를 다방면으로 비교할 문제의식과 정보력을 갖춘 셈이다.

실로 그의 눈에 비친 스위스라는 나라는 정말이지 부럽지 아니할 수가 없다. 물론 저자의 시각이나 스위스가 100% 정답일 수는 없다. 또한 스위스라고 산만 높고 골은 없는 곳도 아닐 것이다. 그러나 스위스의 '패자배려 - 공존'을 위한 국민 철학, 정책적 디자인은 가히 예술적이라 할 만큼 치밀하고 섬세하다.

특히 4년제 대학 진학률이 20%대에 불과한데도 세계 최고의 경쟁력을 유지하는 '스위스 패러독스'와 대학 진학률이 80%대임에도 OECD 국가 중 청년취업률이 최하위인 '코리안 패러독스'의 비교는 극명해서 안타까울 정도이다.

  실로 스위스의 교육과 노동 정책은 대학 입학과 졸업을 철저히 통제하는 대신 고졸로도 얼마든지 만족스럽게 살 수 있도록 정교하게 디자인되었다. 사교육도 없을뿐더러 워킹맘에 대한 충분한 배려로 엄마가 최고로 행복한 나라이기도 하다.

* * *

  스위스에서는 한가로이 들판에서 풀을 뜯는 소도 주인을 위해 '근무 중'인 관광자원이 된다. 정부에서 친환경 육우를 위해 들판에 소를 내놓는 시간만큼 지원금을 주기 때문이다.

  심지어 농가 삼각 지붕에 자라는 담쟁이 넝쿨에도 지원금이 나온다. 그 돈은 바로 그 목가적 풍경을 구경하러 오는 외국 관광객들로부터 벌어들인다. 농가도 챙기고, 수입도 챙기고, 환경도 챙기는 것이다. 얄미울 만큼 영리한 스위스가 아닐 수 없다.

  하지만 부러워하기만 할 일은 아니다. 이 책이 말하고자 하는 것은 스위스 예찬이 아니다. 이 모든 훌륭한 시스템의 깊은 근원에는 무한경쟁 대신 나눔과 배려를 통해 위기를 극복하고자 했던 그들의 정신이 있었음을 이 책은 지속적으로 말하고 있음을 잊지 말자.

경영의 꽃은 마케팅이다

알 리스 | 잭 트라우트, 『마케팅 불변의 법칙』

한 신문사설에서 정치인들에게 따끔한 충고 하나를 건네는 것을 본 적이 있다. 이제 정치공학이나 기교로 재미 보던 시절이 지났으니 가격대비 성능 좋고, 디자인 좋은 상품이 되려면 정치학 개론보다 심리학 개론을 읽으라고 일갈하는 논설이었다. 구구절절 옳은 말이다.

* * *

그러나 정치인들도 바보가 아니다. 이들의 마케팅 개론에 입각한 자기 홍보와 정치선전도 나날이 발전하고 있다. '국민을 향한 나의 마음은 무조건 무조건이야, 국민이 부르면 달려 갈 거야, 무조건 달려 갈 거야~' 국회의원이나 지자체 선거 때 자주 듣게 되는 선거송이다.

심지어 대통령 선거에도 대형 광고회사가 합법적으로 협력하는 시대다. '노무현의 눈물' 편을 기억하는가. '인간 노무현'이라는 이미지를 살려 제작한 이 선거 광고가 수많은 국민들의 심금을 울리지 않았는가.

이처럼 지금은 민주주의의 꽃이라는 선거에까지 소비자들을 상대로 키 메시지와 비주얼, 헤드카피를 어떻게 제공할 것인지를 고민하는 상업광고와 커뮤니케이션 전문가들의 역할이 커지고 있다.

비단 정치인뿐이겠는가. 하다못해 동네에서 밥집을 개업해도 'PR(피아루)'는 기본으로 알아야 한다. 여러분도 신장개업하는 가게 앞에서 키다리 삐에로와 치어리더가 이벤트를 여는 광경을 왕왕 보았을 것이다.

나아가 어떤 밥집은 KBS, MBC, SBS 프로에 나온 맛집이라는 이미지 캡처 사진에 유명인들의 '이 집 진짜 맛있어요, 사장님 대박나세요! 아무개' 라는 친필 사인까지도 게시한다.

이 정도로 마케팅 기법을 잘 이용하는 사람이라면 아마도 블로그나 지식인에 지역, 상호, 제품을 키워드로 은근슬쩍 손님을 가장한 자화자찬도 해놨을 것이다. 실제로 강남의 한 대형식당은 SNS(페이스북, 트위터)에까지 진출한 지 오래다.

* * *

이 책의 저자인 알 리스와 잭 트라우트는 우리보다 한참 앞

선 자본주의 시장 미국에서 꽤 유명세를 날리고 있는 마케팅 이론 연구 전문가들이다. 공저한 마케팅 분야 이론서도 여러 권이지만, 사실상 이 한 권이면 충분할 것으로 보인다. 실제로 이 책은 의미 있는 스테디셀러로서 광고대행사, 홍보대행사, 대기업 마케팅부 등 이 분야 전문가들에게 고전으로 여겨지며, 마케팅 전문가가 되려는 이들이 반드시 읽어야 할 기본 필독서로도 손색이 없다.

* * *

이 책의 저자들은 마케팅을 정신적 전투를 벌이는 게임이라고 말한다. 즉 마케팅을 제품이나 서비스가 아닌 '인식'의 싸움으로 보는 것이다. 따라서 그 회사, 그 제품, 그 식당, 그 사람 하면 딱 떠올리게 되는 하나의 단어에 목숨을 건다.

달에 최초 착륙한 우주인 닐 암스트롱을 모르는 사람은 없다. 하지만 두 번째로 달에 발을 디딘 사람은 누구인지 모른다. 저자들은 이처럼 완전하게 압도하지 않으면 안 되는 것이 마케팅이라고 말한다. 이들이 제시하는 마케팅 첫 번째 불변의 법칙은 고만고만한 제품과 서비스로 기존의 시장과 인식에 뛰어드는 대신 새로운 영역(단어)을 최초로 선점하라는 선도자의 법칙이다. 이 책에는 이 법칙을 필두로 해서 모두 22개의 법칙들이 소개되어 있다.

* * *

 향기로운 꽃은 가만히 있어도 벌이 날아든다지만, 우리 사는 세상은 그렇지 않다. 아무리 천리마도 달려야 천리마다. 그 말이 마구간에 주저앉아 있다면 무슨 소용일까. 적극적으로 나를 알려야 뒤쳐지지 않는 '자기 PR'의 시대가 된 지 벌써 100년도 더 지났다.

 물론 마케팅에 수학처럼 딱 떨어지는 불변의 법칙이 존재한다고 보기는 어렵지만, 이 책은 마케팅에 성공한 기업과 실패한 기업, 하나같이 우리에게 친숙한 기업들의 생생한 사례를 통해 '주식회사 나'를 어떻게 인식시킬 것인지에 대한 이론적 근거를 확인해볼 기회가 된다. 그것만으로도 하루 이틀 투자가 절대로 아깝지 않을 책이다.

 결과적으로 자기소개서, 선거나 개업도 일종의 마케팅일 것이다. 이 같은 결단의 순간에 놓인 사람이라면 꼭 읽어보기를 권한다.

이명우, 『적의 칼로 싸워라』

한마디로 경영술의 백화점이다. 자영업자, 소상공인, 벤처기업가는 물론 이후 성장의 길을 달려 대기업에 이르러서도 도움이 될 실전서다.

벤처다이제스트에 '최보기의 책보기'를 시작하면서, 출판된 지 10년이 넘었지만 마케팅 분야의 명저로 대접받고 있는 『마케팅 불변의 법칙』을 가장 먼저 추천하고 싶었다.

그러나 프라임경제(www.newsprime.co.kr)를 검색하면 이 책에 대한 필자의 서평이 이미 있을 뿐만 아니라 『적의 칼로 싸워라』의 내용이 대부분 『마케팅 불변의 법칙』을 포용하고 있을 만큼 실전 경험이 풍부해 『마케팅 불변의 법칙』을 생략하기로 했다. 그럼에도 중소기업이든 대기업이든 뭔가를 경영하는 CEO거나, 마케팅 담당자라면 이 두 권을 필독하기를 권한다. 회사의 성장에 필요한 가장 기본적인 '법칙'부터 경험해 보지 않으면 결코 알기 어려운 것들까지 배울 것들이 한 둘이 아니기 때문이다.

* * *

이 책의 저자 이명우 교수는 이미 모 일간지에 '경영수필'이라는 칼럼으로도 유명하다. 칼럼만 그런 게 아니라 삼성전자 글로벌 마케팅 팀장, 소니코리아 사장, 한국코카콜라 회장까지, 기업 경력만으로도 범인들을 압도하기에 충분하다. 그런 그가 해외로 국내로 지난 33년간 떠돌아다니며 직접 몸으로 겪은 마케팅, 경영에 대한 '비법'들을 이 책에 상세히 털어놓았다. 저자 스스로도 "경영에는 정답이 없다. 직접 부딪치며 배우고 깨달은 사실들이라 학문적 깊이는 부족하다"고 솔직히 밝혔다. 사실 경험보다 더 확실한 선생님은 없는 법, 그래서 더 믿음이 가는 책이다.

* * *

카센터에 시동이 자주 꺼지는 차가 들어온다. 신참 기술자는 한참을 끙끙대도 원인을 못 찾는다. 드디어 나타난 우리의 사장님, 시동 소리만 듣고도 "배기통 뚫어줘라"고 답을 낸다. 신참과 거장의 차이인데, 사실 거장도 처음에는 신참이었다. 오랜 기간의 훈련, 시행착오의 반복 경험이 가져다 준 결과가 거장이다. 33년이면 강산도 3번 변할 시간, 그런 그의 경험 원칙들이라면 얼마나 값진 것들이겠는가.

* * *

저자는 막 일대일 맞장을 뜨려는 무림의 고수들로부터 이야기를 시작한다. 이기는 고수는 상대가 칼을 뽑을 찰나, 그 칼을 빼앗아 상대를 친다는 것이다. 씨름의 뒤집기, 유도의 한판처럼 거세게 밀고 들어오는 상대방의 힘을 역이용해 상대를 제압하는 것과 매한가지다. 이것이 처음부터 끝까지 이 책을 관통하는 메시지이다. 성공한 기업가는 '나 홀로 독불장군'이 아니라 경쟁사, 유통, 소비자, 임직원 등에 전방위적으로 촉수를 대고 기상천외한 술수로 위기를 극복해 나간다.

* * *

위의 『마케팅 불변의 법칙』에서 제시하는 제1법칙은 '선도자의 법칙'이다. 더 좋은 것보다 맨 처음이 낫다는 것이다. 그런데 저자는 먼저가 아니라 제대로 하는 것이 중요하다고 한 걸음 더 나아간다. 충분히 맞는 말이다. 마케팅, 위기관리, 조직관리, 기업문화는 물론 처세술과 자기계발에 이르기까지 '성공할 기업가'에게 필요할 덕목들의 풍부함과 세계 기업들의 생생한 사례들만 봐도, 이 책의 저자가 『마케팅 불변의 법칙』 저자들 못지 않은 고수임이 분명하다.

* * *

특히 애플보다 더 빨리 '아이팟'을 개발할 만한 역량을 가졌

글로벌 마케팅 팀장, 소니코리아 사장, 한국코카콜라 회장까지, 기업 경력만으로도 범인들을 압도하기에 충분하다. 그런 그가 해외로 국내로 지난 33년간 떠돌아다니며 직접 몸으로 겪은 마케팅, 경영에 대한 '비법'들을 이 책에 상세히 털어놓았다. 저자 스스로도 "경영에는 정답이 없다. 직접 부딪치며 배우고 깨달은 사실들이라 학문적 깊이는 부족하다"고 솔직히 밝혔다. 사실 경험보다 더 확실한 선생님은 없는 법, 그래서 더 믿음이 가는 책이다.

* * *

카센터에 시동이 자주 꺼지는 차가 들어온다. 신참 기술자는 한참을 끙끙대도 원인을 못 찾는다. 드디어 나타난 우리의 사장님, 시동 소리만 듣고도 "배기통 뚫어줘라"고 답을 낸다. 신참과 거장의 차이인데, 사실 거장도 처음에는 신참이었다. 오랜 기간의 훈련, 시행착오의 반복 경험이 가져다 준 결과가 거장이다. 33년이면 강산도 3번 변할 시간, 그런 그의 경험 원칙들이라면 얼마나 값진 것들이겠는가.

* * *

저자는 막 일대일 맞장을 뜨려는 무림의 고수들로부터 이야기를 시작한다. 이기는 고수는 상대가 칼을 뽑을 찰나, 그 칼을 빼앗아 상대를 친다는 것이다. 씨름의 뒤집기, 유도의 한판처럼 거세게 밀고 들어오는 상대방의 힘을 역이용해 상대를 제압하는 것과 매한가지다. 이것이 처음부터 끝까지 이 책을 관통하는 메시지이다. 성공한 기업가는 '나 홀로 독불장군'이 아니라 경쟁사, 유통, 소비자, 임직원 등에 전방위적으로 촉수를 대고 기상천외한 술수로 위기를 극복해 나간다.

* * *

위의 『마케팅 불변의 법칙』에서 제시하는 제1법칙은 '선도자의 법칙'이다. 더 좋은 것보다 맨 처음이 낫다는 것이다. 그런데 저자는 먼저가 아니라 제대로 하는 것이 중요하다고 한 걸음 더 나아간다. 충분히 맞는 말이다. 마케팅, 위기관리, 조직관리, 기업문화는 물론 처세술과 자기계발에 이르기까지 '성공할 기업가'에게 필요할 덕목들의 풍부함과 세계 기업들의 생생한 사례들만 봐도, 이 책의 저자가 『마케팅 불변의 법칙』 저자들 못지 않은 고수임이 분명하다.

* * *

특히 애플보다 더 빨리 '아이팟'을 개발할 만한 역량을 가졌던 소니가 왜 기울었는지를 저자 나름대로 분석한 '사일로 경영의 단점'과 기업 초창기 후발 주자로서 낮은 브랜드 인지도를 끌어올리는 방법, 이기는 조직문화 만드는 3가지 방법 등은 각별히 눈여겨볼 만하다.

그리고 이 책은 무엇보다 따끈따끈하다. 프로야구 류현진 선수가 LA다저스와 6년간 최대연봉 4,200만 달러에 입단계약을 한 것이 지난해 12월 10일이다. 그런데 저자는 이 책에서 벌써 '류현진은 어떻게 4,200만 달러의 연봉을 받아 낼 수 있었는지' 분석을 끝냈다. 과연 류현진이 협상에서 밀리지 않고 자신의 뜻을 관철할 수 있었던 덕목은 무엇이었을까.

'궁금하면 오백 원'이 아니라 이 책을 읽어보면 알게 된다. 저자가 마지막에 알려주는 '승자의 덫'을 마지막으로 소개한다.

'시장은 (드라마틱한 것을 좋아하므로) 항상 새로운 승자를 원한다. 그러므로 늘 깨어 있어야 한다. 자기 스스로 자신의 텃밭을 갈아엎을 정도의 혁신을 계속해야 한다. 그러려면 무엇보다 과거의 성공방식부터 버려야 한다.'

이재구, 『IT천재들』 |
김태욱, 김영균, 『소셜마케팅 7가지 법칙』

스티브 잡스를 꿈꾸는 청소년들과 소셜네트워크에 진입한 직장인이나 전문가들에게 도움이 될 좋은 책 두 권을 소개하겠다.

그중 한 권은 20년 넘게 정보통신 전문기자를 하고 있는 ZDNET의 이재구 기자의 『IT 천재들』이다. 구글의 래리 페이지와 페이스북의 마크 저커버그 이후 정보통신 세상의 꿈을 꾸는 사람이라면 꼭 읽어볼 만한 책이다.

또, 한 권은 오랫동안 마케팅 전문가로 활동해 온 ㈜스토리엔의 김태욱 대표와 CJ E&M의 이영균 마케터가 공저한 『소셜마케팅 7가지 법칙』으로 역시 미래 정보통신 세상과 IT를 통한 소통의 세계를 풀어놓았다.

* * *

『IT천재들』은 저자가 정보통신 기자 출신이라 그런지 전개와 내용, 문체가 아주 깔끔하다. 1946년 컴퓨터의 이정표 에니악부터 가장 최근의 소셜 네트웍 대명사 페이스북까지 정보통신산업의 발전사를 일목요연하게 정리해놓았다. 나아가 이것도 그저 연대기별로 나열한 기록이 아니라 의미, 성패 요인까지 정보통신산업에 큰 획을 그은 25인의 기업 열전과 제품들의 스토리를 함께 담았다.

특히 눈에 띄는 항목은 15번, '왜 우리는 반도체 사업을 해야 하는가?'라는 질문으로 시작되는, 고(故) 이병철 삼성 회장과 한국에 반도체 산업의 씨앗을 뿌린 강기동 박사의 스토리다. 25명의 세기적 IT 거인들의 스토리에 한국인이 당당하게 한 자리를 차지했다는 것이 새롭지만, 읽어보면 과연 이 거인 목록에 추가될 만하구나 싶다.

* * *

『소셜 마케팅 7가지 법칙』은 저자들이 오랫동안 이 분야를 연구해온 컨설팅 직업인이라는 사실답게, 독자의 입장에 서서 친절하게 쓰기 위해 땀 흘린 흔적이 역력하다. 주요 내용마다 구체적인 사례를 인터넷 페이지를 복사, 매뉴얼을 세밀하게 구성해놓은 정성이 그걸 증명하고 있다.

이들이 제시하는 7법칙은 결국 추세를 거슬러 쳐지지 말라는 것인데, 첫째는 기왕 소셜 마케팅에 시간과 노력을 투자할 거라면 적재적소의 지혜와 테크닉이 필요하다고 주장한다.

둘째, 트위터의 타임라인은 실시간이 생명인 만큼, 치고 빠지되 때론 불같이 타올라야 한다고도 조언한다.

셋째는 잔재주 피우지 말고 진정성으로 소통하라, 넷째는 페이스북과 트위터, 블로그, 소셜네트워크는 각자의 특장점이 있으니 거기에 맞게 활용하라는 것도 이들의 조언이다.

다섯째, 고객에게는 말하지 말고 듣는 것이 중심이 되어야 하며, 여섯째, 소셜 마케팅의 궁극적인 목표는 커뮤니티(고객들의 자발적 모임)라는 밭인 만큼 어떻게 옥토로 가꾸느냐가 성패의 핵심이라는 조언도 전하고 있다. 마지막 일곱 번째로, 소셜 마케팅은 일대 일의 소통이 아닌 만큼, 전사 차원의 전략이 없으면 아예 안 하는 것이 더 현명하다는 주장도 인상 깊다.

이 7가지 법칙의 구체적인 사례와 방법론, 매뉴얼 등으로 368페이지나 되는 두꺼운 책을 꾸몄음에도 책값은 아주 착하다. 소셜 마케팅에 대한 저자들의 착한 열정만큼.

* * *

약 20년 전, 인터넷이 막 수면 위로 부상했을 때를 기억하는가. 사람들은 이메일과 PC통신, 팝업에 지금의 소셜 네트워크에도 그렇듯이 열렬한 환호를 보냈고, 발 빠른 수완가들은 Daum이나 Naver 같은 거대 기업을 일구는 데 성공했다.

이제 인터넷은 수면 아래 오리발이 되었고, 그 대신 스마트 폰이 그 수면 위를 노닐고 있다. 정보통신 전문가들은 말한다. 인터넷이나 스마트 폰이 절대로 영구하지 않다고. 이것들 이후의 그 무엇이 지금 어디에선가 꿈틀대고 있다고.

그곳이 한국 어느 공대의 허름한 연구실이 될 수도 있고, 미국 어느 도시의 차고가 될 수도 있다. 거기가 어디든 인터넷과 스마트폰 이후의 정보통신산업에서 한 역할 하기를 꿈꾸는 사람들이라면, 남들 다 한다는 소셜네트워크 때문에 불안한 사업가라면, 반드시 이 책들을 읽어보기를 권한다. 정보통신산업의 역사와 현실을 체계적으로 정리한 이 책에서 미래에 대한 명쾌한 답을 발견할 수 있을 것이다.

세계는 넓고 할 일은 많다

홍익희, 『유대인 이야기』

'비가 세찰수록 땅은 더 굳어진다.'

두꺼운 이 책을 한 줄로 압축한다면 이 정도가 될 것이다. 이 책의 출판 소식에 "100페이지가 넘는 책은 모두 반칙"이라며 애정 어린 질투(?)를 보냈던 시인이 있다. 다만 이 책에 대해서만은 예외라고 수정해주었으면 하는 바람이다.

실로 '노벨상을 휩쓸고, 지구를 지배하는 사람들'이라 불리는 이 유대인들이 얼마나 대단한가를 입증하려면, 이들은 누구이고 어떤 생각을 가지고 살아가는지를 살펴보려면, 사실 100페이지로는 지면이 턱없이 모자라다.

* * *

비옥한 초승달의 수메르 문명이 기원인 이스라엘의 백성 유대인들은 오랜 역사를 거쳐 이집트, 그리스, 로마, 스페인, 네

덜란드, 영국, 미국에 이르기까지 세계 경제사의 핵심을 관통해왔다. 그들이 들어오면 흥하고, 그들이 떠나면 파산하거나 가난해졌다.

유대인들이 예루살렘을 빼앗기고 2500년을 방랑했다는 것은 잘 알려진 사실이다. 로마부터 십자군과 히틀러에 이르기까지 대학살(홀로코스트)과 재산 몰수, 추방의 박해를 수십 번 넘게 당해왔다. 그럼에도 결국 자신들의 나라 '이스라엘'을 세웠으니, 산전수전 겪은 이 민족이 얼마나 큰 저력을 가지고 있는지 충분히 짐작해볼 만하다.

어떤 이들은 이들이 세계를 주름잡는 이유를 이들 스스로가 자신을 '신의 선택자'로 여겨왔고, 다른 민족들도 은연중에 그렇게 생각하기 때문이라고 말한다. 하지만 이런 주장은 유대인에 대한 두려움과 부러움을 감추기 위한 은폐에 불과하다. 이들에게는 충분히 세계 실력자가 될 만한 이유가 있는 것이다.

* * *

이 책을 읽어보면서 하나씩 알게 되겠지만, 유대인들은 오랜 방랑생활 속에서도 '자유, 평등, 공부, 돈, 단결, 정보, 저항, 역사'라는 저력을 잃지 않고 유지해왔다. 특히 그들이 중시 여기는 것은 신(神) 앞의 자유와 평등이다. 가장 최초의 민주주의와 복지국가가 그들로부터 시작됐다는 점도 이 사실을 반증한다.

유대인들에게 유일한 통치자는 신이지 대통령이 아니다. 그들에게는 목사나 신부도 없다. 그들은 열세 살이 넘으면 의무적으로 성경을 읽어야 한다. 신과의 계약이기 때문이다. 나아가 그들은 읽고, 쓰고, 생각할 수 있는 '공부'를 통해 대부분이 문맹인 고대와 중세를 휘어잡을 수 있었다.

나아가 부(富)의 축적에 대한 생각도 특기할 말한다. 그들은 부의 축적은 곧 신의 축복이라고 생각한다. 돈이야말로 자유로운 삶을 보장, 신에게 더욱 가까이 가는 지름길이라는 것이다. 그리고 이 부를 통해 가난한 동족에게 배려하고 발 빠른 정보 교환을 이루었다.

그들은 저항의 민족이기도 하다. 로마 제국에 수차례 들고일어난 역사는 물론, 2차 대전 후에 기어이 예루살렘을 차지할 만큼 박해와 배척에도 끝없이 저항해왔다. 그러다 보니 이들은 '과거를 망각하면 미래가 없다'며 역사 교육을 몹시 중시한다.

* * *

우리 민족과의 공통점도 존재한다. 전 세계에서서 유대인과 한민족만이 각각 아담과 단군이라는 '신의 아들'의 탄생을 기준 삼은 민족기원력(아담 5773년, 단기 4346년)을 사용한다. 그렇다면 한국은 어떨까?

지난 30년 동안 경제성장 1위를 거머쥐는 초광속 발전을 했다. 여기서 아이슈타인이 시간의 속도가 상대적이라는 상대성 이론을 떠올려보게 된다. 혹시 이것은 우리에게도 그들을 따라잡을 시간이 얼마든지 있다는 희망의 메시지가 아닐까?

김봉국, 『승자의 안목』

박문일 한양대 의대학장은 명의로 칭송 받는다. 그 칭송의 배경은 평소 후배 의사들에게 "환자와 그 가족을 존중하는 마음은 의학서가 아니라 인문학적 소양에서 나온다. 의사 가운 안쪽에 시집과 인문학서를 꽂고 다니라"고 말하는 그의 지론에 있다.

경희대가 교양대학인 후마니타스 칼리지를 시작할 때만 해도 많은 사람들이 고개를 갸웃거렸다. 그러나 지금 경희대 후마니타스 칼리지는 취업 준비생 대신 지성인을 키우는 대학으로 주목을 받고 있다.

이 두 사례와 「승자의 안목」을 쓴 김봉국저자와의 공통점은 인문학을 유독 강조하는 것에 있다.

* * *

저자는 한 때 경제신문사의 잘 나가던 기자였다. 인터넷 비즈니스 초창기, 그는 이런 류의 글이 시작될 때 뻔하게 나오는 말대로 '안정된 직장을 과감하게 박차고 미래를 남보다 앞서서 내다보며 창업'을 택했다.

그는 평기자에서 신설 언론사를 경영하는 사업가로 변신했고, 그 언론사가 성장의 길을 걷는 데 한몫 기여했다. 사업을 일궈 나갔던 초창기, 그는 스스로 리더로서의 자질 부족을 절감하면서 한 손엔 경영학, 다른 한 손엔 인문학을 들고 다녔다고 한다. 동서양과 고전현대를 경계 없이 넘나드는 그의 식견이 충분히 그 말을 증명한다.

조그마한 동네 식당이라도 창업해 본 사람은 안다. 기업을 창업해 성공의 반열에 오른다는 것이 얼마나 험난한 일인지를. 그러니 기자에서 언론사 사장으로 변신해 '성공'한 그의 13년 경험담은 아직 성공하지 못한 사람들에게 충분히 보약의 가치가 있지 않겠는가.

리더는 많다. 그러나 성공한 리더는 많지 않다. 물론 저자 역시 자신을 '성공한 리더'라고 주장하지 않는다. 다만, 자신이 기자로서, CEO로서 지내는 동안 지켜 봤거나 직접 경험했던, 성공하는 리더의 조건에 대한 안목만큼은 가히 탁월하다 아니 할 수 없다.

결행, 순리, 인덕, 혁신, 공유(소통)가 그가 깨달은 승자의 덕목이다. 대개 덕목은 비현실적, 교과서적일 확률이 높다. 그러나 그는 '땅을 딛고 별을 보라'고 제일 먼저 강조한다. 땅은 현실이고, 별은 희망이다. 현실과 동떨어진 희망, 희망 없는 현실은 모두 공허하다. 그의 경험담이 현실과 사실을 벗어나지 않음을 보여주는 대목이다.

그에 따르면 임직원이 행복해야 고객이 행복해지므로 인본주의가 자본주의를 이긴다. 또 평사원일 때는 자기만의 똑똑함으로 승자가 될 수 있지만 리더가 되면 아랫사람들로부터 지탄을 받지 않아야 승자가 될 수 있다고 한다. 그래서 상사는 팀원들에게 말을 낮게, 좋게, 짧게, 적게 하는 '4게'에 능해야 성공을 만들(MADE) 수 있다는 것.

* * *

저자가 제시하는 메이드(MADE)의 뜻이 상당히 인문학적이다. 시장을 보는 안목(Market), 자신의 현실적 능력(Ability), 남다른 차별화(Difference), 목표를 향한 열정(Energy)이 있어야 성공(MADE)한다. 덧붙여 불광불급(不狂不及), 미치지 않으면 미치지 못한다. 결국 목표와 성과를 향해 미치는(MAD) 열정(Energy)이 승자를 향한 출발점이 되는 것이다.

그리고 마지막, 희망을 잃으면 미래도 잃는다. 그런데 건강을 잃으면 희망도 잃게 된다. 당연히 승자의 최고 안목은 건강이다. 한때 건강을 해칠 만큼 열정을 다했던 저자인 만큼 이 또한 생생한 증언에 다름없다.

국제미래학회, 『미래가 보인다 글로벌 미래 2030』

로마클럽, 앨빈토플러, 대니얼 앨트먼과 같이 미래를 날카롭게 예측하는 저자들의 국적을 보면 대개 미국을 위시한 유럽 쪽이다. 아무래도 이 나라들은 산업기술 쪽에서 앞서가고, 그동안 쌓인 데이터와 인프라가 풍부하기 때문일 것이다.

그러나 이런 측면에서 그들의 예측을 접하다 보면, 아쉬운 점들도 있다. 이들이 뉴욕이나 런던 같은 곳에 살다 보니, 결국 오늘의 한국, 서울이라는 도시에서 당장 내일 밥벌이를 고민해야 하는 소시민인 내게 딱 맞는 각론을 찾기 어렵다는 점이다. 결국 이 부분은 읽는 사람 스스로가 유추해야 한다.

* * *

『미래가 보인다 글로벌 2030』은 이런 갈증을 조금이나마 해갈해줄 수 있는 책이다. 정보통신기업에서 근무할 때인 1994년, 필자는 기획실의 가장 중요한 연말과제인 「1995년도 사업계획」에 처음으로 인터넷이라는 단어를 접했다.

지금 생각해보면 까마득한 일이지만, 그때는 명색이 정보통신(IT)기업인데도 1인 1PC(개인용 컴퓨터)가 아닌 공동 PC실에서 작업을 했고, 기획실 직원들 외에는 인터넷이란 단어를 모르는 직원들도 있을 정도였다.

그리고 얼마 지나지 않아 컴퓨터 화면에 대화창이 바로 뜨는 팝업과 이메일 서비스가 시작됐다. 다들 신기해하다 보니, 이를 자유자재로 사용할 줄 아는 사람들은 상당히 앞서 나가는 사람인 듯 우쭐댈 수 있었다.

이처럼 '신묘한' 기술이었던 인터넷이 어느 순간이 되자, 거대한 폭풍처럼 우리 생활의 전반을 휩쓸기 시작했다. 그리고 얼마 안 가 '인터넷 신화'의 승자와 패자가 갈렸다. 이 추세를 먼저 알고 준비했던 이들은 이후 인터넷 관련 벤처사업을 벌여 거대기업 반열에 올랐고, 그저 수동적으로 준비했던 이들은 평범한 '인터넷 사용자'가 되었다.

* * *

이 즈음 번역되어 꽤 읽혔던 책이 윌리엄 미첼의 『비트의 도시』다. 이 책은 인터넷과 가상공간이 도시와 시민의 생활을 어떻게 변화시킬 것인지를 예견한 내용인데, 쉬우면서 구체적이었다. 앞서도 언급한 바 있듯이, 미첼은 미래의 도서관은 열람실과 서고가 작아지는 대신 컴퓨터실과 데이터 센터가 확장될 것이라고 예고했다. 이는 현재도 진행중이며, 심지어 오프라인 서점들이 축소되는 반면에 온라인 서점이 커지는 출판 시장의 변화도 이와 같은 맥락에서 벌어지는 변화로 봐야 할 것이다.

사업가든 직장인이든 『미래가 보인다 글로벌 2030』을 읽어보는 것이 중요한 것도 그래서이다. 이 책은 국내 26명의 내로라하는 전문가들이 모여서 공저한 책인 만큼 다방면의 풍부한 지식이 집합되어 있다.

세부적으로 보자면, 이 책은 총 622페이지에 걸쳐 메가트랜드, 경제·경영, 문화·콘텐츠, 미디어/ICT(정보통신산업), 정부·도시, 교육·의료 부문 등 거의 전 분야를 망라했고, 참고서적과 문헌만도 수백 종에 이를 만큼 방대하다.

* * *

대통령 선거철이 되면 전국의 이름깨나 있는 도사들이 '이번엔 누가 당선될 것이다' 라며 큰소리를 친다. 그런데 막상 틀린 점을 쳤던 도사의 경우 어떻게 자신의 업을 지켜낼지 궁금하다.

마찬가지로, 미래를 예측해 책을 출판한다는 것도 쉽지 않은 일이다. 예측이 기록으로 남겨지기 때문이다. 그러므로 저자 자신의 역량을 총 동원해 심혈을 기울이지 않을 수 없다. 그러나 데이터에 근거한 과학적 예측을 내놓는다는 점에서 이 같은 책들은 '아니면 말고' 식의 가짜 도사들의 점괘와는 다르다. 그렇게 심혈을 기울인 티가 역력한 책인 만큼 강력하게 추천한다.

* * *

이 책의 출간에 대해 중앙공무원교육원 윤은기 원장이 했던 코멘트가 참 인상적이다.

"50년을 내다보면 미쳤다는 말을 듣고, 100년을 내다보면 사형 당한다. 10년만 내다보는 것이 딱 적당하다."

셰궈중, 『중국이 말하지 않는 중국경제의 진실』

중국을 말할 때 그 많은 인구를 빼놓을 수 없다. 현재 13억 정도라고 하는데 실제 인구수는 사실 거의 신의 영역이다. 그래서 중국인 모두가 한꺼번에 높이뛰기를 하면 지구가 흔들리면서 궤도가 바뀐다, 호적 없이 외진 산 속에서 대충 사는 사람만 2억은 넘을 것이다. 이에 중국 인구를 빗댄 유머도 한둘이 아니다.

중국에 오랫동안 머물면서 외교와 공부를 경험한 어느 공무원이 최근 사석에서 말했다. 중국이라는 나라는 장님 코끼리 만지기다, 북경이 다르고 상해가 다르다, 1~2년 중국에 있었던 걸로 '중국을 안다'고 하면 넌센스다, 힘과 돈을 가진 중국이 자기보다 약소국에게 부릴 막무가내의 위세는 가히 상상하기 어렵다, 중국과 일본이 영유권 갈등을 벌이는 조어도(일본명 센카쿠열도/중국명 댜오위다오)를 놓고 '희토류' 한 방으로 일본을 눌러버린 2010년의 사건만 봐도 그렇다 등등.

그러면서 그는 우리에게 '이어도는 이제 겨우 시작일 뿐'이라고 걱정했다. 한편으로 북한 사정에 능통한 어느 방송국 PD 역시 '북한 경제는 이미 중국에 예속돼 버렸다'고 말한다. 그만큼 한반도에 막강한 영향력을 가지고 있는 나라가 중국이다.

* * *

도광양회 유소작위(韜光養晦 有所作爲). 90년대 이후 중국 외교의 기저를 대변하는 키워드다. 도광양회, 칼날의 빛을 칼집에 감추고 인내하며 힘을 기른다. 유소작위, 마땅히 할 말은 한다. 무서운 말이다. 우리에게 엄청난 영향력을 가지고 있는 중국이 도광양회를 끝내고 유소작위에 나섰기 때문이다.

그래서일까. 서점의 에세이 매대는 '청춘'이 대세고, 경제와 국제 분야는 '중국'이 대세다. 『한국을 보는 중국의 본심(정덕구 지음)』, 『시진핑 시대의 중국(사토 마사루 지음)』 등 신간 사이로 셰궈중이 쓴 『중국이 말하지 않는 중국경제의 진실』이 눈에 띈다.

* * *

아쉽게도 이 책은 미국과 자웅을 겨루는 중국이 가까운 미래 또는 몇 년도쯤에 과연 세계의 지도국이 될 수 있을지 아니면 추락하고 말지 결론을 내려주는 예언서는 아니다. 따라서 2012년 예견되는 제2차 경제위기, 중국 부동산, 중국 주식, 중국 정치 등 셰궈중이 꿰뚫어보는 중국의 현재와 극복해야 할 문제점들을 참고해 한국과 중국, 세계경제의 미래를 판단하는 것은 독자의 몫이다.

김명호, 『중국인 이야기 2』

눈이 번쩍 뜨이는 글이 나온다. "혁명과 여자와 책을 사랑한 쑨원. 수천 년간 중국의 지도자들은 거의가 독서광이었다. 쑨원도 마찬가지였다. 간암으로 세상을 떠나기 직전에도 통증을 참으며 손에서 책을 놓지 않았다. 해외 망명 시절에도 짐 보따리 속에는 책이 가장 많았다. 비 오는 날 우산은 챙기지 않아도 책은 놓고 나가는 법이 없었다. 전쟁터에서 작전을 지휘할 때도 한 손에 신간 서적이 들려있었다. 처음 만나는 사람에겐 요즈음 무슨 책을 보느냐고 꼭 물었다."

"사람을 치료하는 인의(人醫)로 평생을 지내느니 나라의 환부를 도려내는 국의(國醫)를 하겠다"며 병원문을 닫고 혁명의 길로 들어선 젊은 의사 쑨원은 "정신 똑바로 차리고 상황을 제대로 파악하는 길은 독서 밖에 없다. 몇 끼 굶는 것은 별게 아니지만 책이 없으면 불안하다. 내게는 독서가 밥보다 더 중요하다"고 했다.

* * *

타이완과 북경, 두 중국에서 동일하게 국부로 추앙 받는 쑨원이 '중국인 이야기 2부'의 중심이다. 1911년 신해혁명으로 시작된 쑨원의 혁명 역정은 그러나 중국사에 능통하지 않은 대부분의 사람들이 전혀 알지 못했던 인물 '쏭자수'가 있었기에 가능했다. 쑨원의 정치적 후원자이자 친구였던 쏭자수의 둘째 딸 쏭칭링이 쑨원의 부인, 셋째 딸 쏭메이링이 장제스의 부인이다. 이 정도면 대륙의 붉은 별이 뜨기까지 쏭자수 가문의 막강한 역할에 대한 설명은 굳이 생략해도 되겠다.

국부 쑨원이 죽은 후 중국은 그의 휘하에서 혁명에 투신했던 장제스, 장쉐량, 마오쩌뚱과 저우언라이의 삼분지계였다. 대륙을 휘어잡았다가 결국 타이완으로 쫓겨 난 장제스는 1937년 1월부터 1990년 5월까지 무려 53년 5개월 동안 17곳을 옮겨가며 장쉐량을 연금했다. 1936년 시안사변이 원인이었다. 일본보다 공산당을 먼저 토벌하겠다는 장제스를 장쉐량이 감금, 국공합작을 이끌어낸 사건이었다. 그런 후 동지 장제스를 배웅하러 난징으로 떠났던 장쉐량이었다.

이후 장제스는 죽을 때까지도 "호랑이를 풀어 놓아서는 안된다"고 유언했지만 그의 아들은 장쉐량을 장제스의 시신 앞으로 인도, 작별을 고하게 했다. 장쉐량은 "두터운 정은 골육과도 같았지만 정견의 차이는 철천지 원수와도 같았다"는 한마디로 반세기에 걸친 애증을 정리했다.

* * *

장쉐량이 자유의 몸이 되기 20년쯤 전인 1967년 7월 19일, 베이징 항공학원 운동장에서는 또한 사람의 노인이 마오쩌뚱의 홍위병에게 끌려 나와 온갖 수모를 당하고 있었다. 그의 이름은 펑더화이, 우리에게는 팽덕회(彭德懷)라는 이름이 더 낯익다. 중국의 붉은 별 중 마오쩌뚱 못지 않은 그였다.

6·25 전쟁 때 30만 중공군을 이끌고 와 뜻밖의(?) 통일의 기회를 맞은 한반도에 찬물을 끼얹었던 달갑지 않은 인물, 그도

마오쩌뚱의 대약진운동에 반기를 들었다가 감옥에서 처절한 죽음을 맞았다. 임진왜란 때 선봉장이었던 고니시유키나가(小西行長)가 이후 도쿠가와 이에야스에게 맞섰다가 참수당한 것처럼. (그러니 함부로 군사를 이끌고 한반도에 들어오지 말라는 말이다.)

장제스에게 요참을 당한 쑨빙원의 딸로 저우언라이의 양녀가 된 쑨웨이스, 한참 잘나가던 그녀는 마오쩌뚱의 소련 방문에 동행한 이후에는 마오의 부인 장칭에게마저도 고개가 뻣뻣했다. 그러다 문화대혁명을 맞아 영문도 모른 채 공안국에 끌려와 7개월 동안 얻어 맞기만 하다 47세의 나이로 죽었다. "열 명의 군자에게 죄를 지을지언정 한 명의 소인에게 죄를 지어서는 안 된다. 지혜로운 사람은 이름이 알려지는 것을 두려워하고 똑똑한 돼지는 살찌는 것을 두려워한다"는 것을 미처 (독서를 통해) 익히지 못했기 때문이었다.

팔로군 총사령관이었던 주더(朱德)의 아내, 여장부 캉커칭은 비리에 연루된 손자를 극형에 처하겠다는데도 손을 쓰지 않았다. "왕자의 범법에 대한 형벌도 서민과 같아야 한다"는 것이 그녀의 단호한 입장이었다. 쑨원이 중국의 국부로 타이완과 북경에서 모두 추앙 받게 된 중요한 배경 중의 하나 역시 친인척들에 대한 인정, 월권, 부정에 엄격했던 리더십이 한몫 했다.

* * *

 우리는 모르는 것이 많다. 그중 중국과 일본이 얼마나 강대국인지 모르는 것이 대표적이다. 중국을 좀 안다는 사람들은 하나 같이 "중국, 절대로 만만한 나라가 아니다. 수천만 명의 젊은 수재들이 30년 동안 치열한 풀 리그를 벌이며 경쟁해서 살아남은 인재들이 이끌어 가는 나라가 중국"이라고 한다.

 삼국지에 버금가는 신 삼국지, 중국 근현대사 인물열전, 김명호의 「중국인 이야기 2부」는 그런 유장함이 읽히는 흥미와 처세와 역사가 함께 한다. 사랑과 애증의 인간사와 도도하게 흐르는 대륙의 역사가 씨줄날줄로 얽혀 시간 가는 줄 모르게 돌아간다.

4
혜성처럼 빛날 젊음을 위해

글쓰기, 기본이 돼버렸다
　이태준, 『문장강화』
　장원교육, 『장원비즈니스한자』
창의와 용기는 젊음의 상징
　님 웨일즈, 『아리랑』
　이나가키 아츠코, 『1평의 기적』
　사토 게이지, 『줄서서 먹는 반찬가게』
　임규남, 『회사가 키워주는 신입사원의 비밀』
나를 키워주는 인간관계론
　에리히 프롬, 『사랑의 기술』
　양창순, 『당신 참 괜찮은 사람이야』

글쓰기, 기본이 돼버렸다

이태준, 『문장강화』

바야흐로 21세기, 콘텐츠 시대다. 'Contents' 란 내용이다. 말 그대로 어떤 형식 안에 채워지는 내용물이다. 책과 글, 카메라와 사진, 캔버스와 그림, 무용가와 몸짓, 가수와 노래까지 전자가 형식이면 후자는 내용, 후자가 바로 콘텐츠이다. 요즘 일본과 동남아는 물론 유럽까지 뒤흔드는 한류(韓流)가 바로 한국 문화, 한국이란 형식에 채워진 문화인데 그 문화가 바로 콘텐츠다.

* * *

콘텐츠는 대부분 무에서 유를 창조하는 것이다. 아무것도 없던 것에서 읽고, 보고, 듣고, 만지고, 느끼게 해주는 그 무엇들이다. 책이나 글, 사진이나 동영상, 조각이나 그림, 무용, 음악 등 우리의 오감을 자극시키고 감동시키는 그 모든 것들이 콘텐츠다.

그런 콘텐츠 중에 아주 유명한 문학작품이나 예술품처럼 짧게는 몇 년, 길게는 수십 년 갈고 익혀야 하는, 직업적(프로페셔널)인 것들을 우리는 명작이라고 한다. 그런데 그런 명작, 명콘텐츠들이 탄생시키는 작가의 능력은 하루아침에 만들어 지지는 않는다.

* * *

베토벤, 안익태, 피카소, 김중섭, 고호, 고갱, 슈베르트, 톨스토이, 조정래, 김영랑은 물론 아이돌 가수와 김연아 선수에 이르기까지 명품 콘텐츠를 만들어 내는 사람들은 아주 오랜 훈련 기간을 거친 다음에야 탄생된 명인들이다.

이 사람들이 모두 문학가, 삭가가 아니라 해도 특별한 공통점이 있다. 자기 자신에 대한 표현력이 뛰어나다는 것이다. 이는 오랫동안 자신에 대해 관찰과 표현을 반복한 탓이다. 반복하는 관찰과 기록으로, 길고 짧은 것의 차이는 있을지라도 대부분 익숙한 글쓰기와 말하기를 통해 자신에 대한 표현을 잘 해내는 것이다.

＊ ＊ ＊

　위와 같이 모든 콘텐츠의 기본은 사실 '글쓰기'가 큰 부분을 차지한다. 문학작품은 물론 전문 연구 과학서, 연극 시나리오, 영화 대본, 뮤지컬 대사 등 대부분 콘텐츠의 기본은 '글쓰기'에서 시작된다. 그만큼 21세기 콘텐츠 시대에 핵심은 '글쓰기'라는 말이다.

　물론 훌륭한 글쓰기 역시 훈련의 결과인데 그 훈련은 '글쓰기'가 무엇인지를 제대로 이해하고 나서 들어가는 것이 필요하다. '글쓰기'를 제대로 이해하지 않고서 훈련만 열심히 하게 된다면 그것은 모래 위에 집짓기이다. 그것은 마치 '선의의 경쟁과 신사도'를 익히지 않고서 '이기고 지는 승부'만을 생각하며 훈련받은 스포츠 선수와 똑같다. 음악이 왜 우리에게 꼭 필요한 것인지, 자신이 들려주는 음악을 통해 다른 사람들이 어떻게 행복감을 느끼게 되는 지에 대한 이해 없이 그저 피아노 치는 훈련만 받는 사람과 똑같다.

　　　　　＊ ＊ ＊

　이태준이라는 아주 대단한 소설가가 있었다. 그는 지금부터 100년도 넘은 1904년에 강원도 철원에서 태어났다. 그가 쓴 글쓰기 교본 『문장강화』라는 불후의 고전이 있다. 글을 쓰는 사람은 어떤 자세와 마음으로 써야 하는지, 글을 잘 쓰려면 어떻게 써야 하는지를 정리한 책이다.

　우리나라에서 글 깨나 쓰는 사람치고 이 책을 모르는 사람은 없다. 100년 전에 쓴 책인데 지금도 통할까 싶어 걱정할 필요 없다. 글을 쓰는 자세와 방법은 그때나 지금이나 같을 뿐만 아니라 창작과 비평사에서 지금 상황에 맞게 손을 봐서 다시 출판을 했다.

＊　＊　＊

　가령 "평어, 경어와 문장 '나는 세상을 비관하지 않을 수 없다.', '저는 세상을 비관하지 않을 수 없습니다.', '나는' 이나 '없다' 는 평범하게 나오는 말이다. '저는' 과 '없습니다' 는 상대자를 존칭하는 정적(情的)의식, 상대의식이 들어 있다. '나는' 과 '없다' 는 들띄워놓고 여러 사람에게 하는 말 같고, '저는' 과 '없습니다' 는 어떤 한 사람에게만 하는 말 같다. 평어(平語)는 공공연하고 경어(敬語)는 사적인 어감이다. 그래서 '습니다 문장' 은 읽는 사람이 더 개인적인 호의와 친절을 느끼게 한다. 호의와 친절은 독자를 훨씬 빠르게 이해시키고 감동시킨다. "식의 가르침이다."

　한 가지 생각을 표현하는 데는 오직 한 가지 말밖에는 없다고 한 플로베르의 말은 너무나 유명하거니와 그에게서 배운 모빠쌍도 '우리가 말하려는 것은 무엇이든 그것을 표현하는 데는 한 말밖에 없다. 그것을 살리기 위해선 한 동사밖에 없고, 그것을 드러내기 위해선 한 형용사밖에 없다. 그러니까 그 한 동사, 그 한 형용사를 찾아내야 한다. 그 찾는 곤란을 피하고 아무런 말이나 갖다 대용함으로 만족하거나 비슷한 말로 맞추어 버린다든지, 그런 말의 요술을 부려서는 안된다' 라고 말했다. 그러므로 명사든 동사든 형용사든, 오직 한 가지 말, 유일한 말, 다시 없는 말, 그 말은 그 뜻에 가장 적합한 말을 가리킴이다. 가령, 비가 온다는 뜻의 동사에도 비가 온다, 비가 뿌린다, 비가 내린다. 비가 쏟아진다, 비가 퍼붓는다가 모두 정도가 다른 것은 두말할 필요가 없다" 식의 가르침이다.

* * *

당대의 대가답게 '어떻게 만들어지는 문장이 훌륭한 문장인가, 다시 말해 어떻게 쓰는 글이 올바르게 쓰는 글인가' 에 대한 명쾌한 답이 들어있는 불후의 가르침이다. 글을 쓴다는 것이 어떤 의미를 갖는지 제대로 이해하고, 그렇게 이해한 사명감으로 제대로 된 글을 쓰기 위한 기초 소양을 닦기 위한 필독서로 권장한다.

"당신이 쓴 글을 읽고 어떤 사람은 웃고, 어떤 사람은 울고, 어떤 사람은 희망을 갖게 되고, 어떤 사람은 절망의 나락으로 떨어지게 됩니다. 당신이 쓴 글이 다른 사람에게는 새벽 같은 빛이거나 캄캄한 어둠이 될 수 있습니다."

다른 사람에게 읽히기 위해 쓰는 글, 아무렇게나 생각 없이 쓰기보다는 먼저 이 책을 한 줄 한 줄 새겨가며 읽어볼 것을 강력 추천한다.

장원교육, 『장원 비즈니스 한자』

국어능력인증시험 자격증이 공무원 채용과 기업체 입사는 물론 고등학교, 대학교 입시에 반영되기 시작하면서, 최근 취업을 준비하는 대학생과 초·중·고등학생들의 한자 공부에 대한 관심이 높아지고 있다. 특히 국어능력인증시험의 경우 어휘력 테스트 부분에서 한자 능력이 시험점수와 직결되는데, 이는 우리말의 약 60%, 교과서 용어의 약 90%가 한자어이기 때문이다.

* * *

이런 추세로 한자에 대한 관심이 높아지면서 한자 공부가 어휘력과 이해력, 이를 활용한 글쓰기 등 전반적인 국어 능력은 물론 수학, 과학 등 다른 과목에서도 도움이 크게 됐다는 '경험담' 들이 언론과 인터넷에 자주 올라오고 있는데, 이 경험담들은 충분히 근거가 있다.

먼저 어휘력과 이해력의 경우를 보자. '발화'의 경우 '꽃이 피다(發花)'와 '불이 나다(發火)'로 뜻이 완전히 달라진다. '제주도, 유채꽃 발화 시작'과 '경찰, 한라산 발화 원인 추적' 처럼, 같이 읽히는 단어라도 쓰인 한자에 따라 뜻이 완벽하게 달라진다. 신문에 '원유 대란에 축산 농가 지원 시급'을 제목으로 기사가 나왔다고 치자. '원유'는 원유(原油, 기름)와 원유(原乳, 우유)의 두 의미를 가지고 있는데, 일반적으로 '원유(原油)'의 뜻만 알고 있는 경우라면 언뜻 제목만 읽고 '축산 농가에 기름을 시급히 지원해야 한다'는 의미로 이해하기 십상이다. 그리고 제목 또한 전체가 한자로 만들어진 단어들이다.

* * *

다른 과목 공부에 한자가 도움 되는 이치도 마찬가지다. 수학의 경우 직각, 예각, 상수, 미지수, 무한대, 수렴, 미분, 적분 등 대부분의 용어가 한자다. 이들 한자와 뜻만 알아도 수학적 개념을 정확하게 인식하는 데 별도의 노력이 필요 없다. 이는 과학이나 기타 과목에도 대부분 똑같이 적용된다.

특히 영어 등 외국어를 잘하려면 먼저 우리말을 잘해야 한다는 것은 외국어를 조금이라도 공부해 본 사람에겐 상식이다.

그런데 우리말을 잘하려면 한자를 아는 것이 유리하므로 결국 '한자가 외국어 능력에도 영향을 준다'는 것으로 귀결된다.

* * *

오늘도 아침에 신문의 기사와 광고에는 한자를 활용한 다양한 표현이 넘쳐난다. 유명 락(rock) 밴드의 봄맞이 페스티발 광고 제목을 밥 담는 '도시락'에 한자 지식을 얹어 '도시-락(都市-樂)'이라고 지었다. '여자가 행복해야 나라가 행복하다, 여행(女幸)'이란 어느 지방자치단체의 캠페인 제목은 '여행(旅行)'에서 따왔다. 화장품 회사의 '여(女)보세요'라는 광고, 잦은 황사와 봄비 때문에 외국인 관광객이 줄어드는 것을 '외국인, 우(雨)울한 한국관광'이라고 제목을 붙인 기사까지 한자와 한자 단어를 활용한 재치 있는 표현들이 줄을 잇는다. 이만 봐도 한자가 어휘력과 이해력, 글쓰기에 얼마나 영향이 큰지 눈으로 보고도 남는다.

창의와 용기는 젊음의 상징

님 웨일즈, 『아리랑』

30년 전에 대학 신입생이었던 필자가 선배들의 압력(?)에 따라 통과의례로 읽었던 책이다. 32살의 김산(1905~1938년 본명 장지학)을 마오쩌둥 관찰기 『중국의 붉은 별』을 쓴 에드가 스노우의 아내 님 웨일즈가 인터뷰 후에 쓴 관찰기다.

* * *

김산은 완벽한 공산주의자였다. 그는 동양의 체게바라였다. 조선 독립을 넘어 중국, 일본까지를 아우르는 범아시아 혁명정부를 위해 투신했던, 요즘 말로 글로벌 공산당원이었다.
마오쩌둥이 대장정 후 연안에서 재기를 다질 때 한국인으로는 김산과 군정대학에 다니는 젊은 학생 리(李)가 있었고, 나중에 김일성에게 숙청당한 무정(武亭)이 팽덕회의 참모장으로 있을 뿐이었다고 진술한 것만 봐도 그가 얼마나 대단한 공산당원이었는지 짐작이 가능하다. 다른 역사책에 의하면 그는 중국 마오쩌둥 시대 4인방으로 날렸던 캉성(康生)이 연안에서 일본의 스파이로 몰아 처형했으나, 마오쩌둥 사망 후 중국 공산당으로부터 복권되고, 반대로 캉성은 제명되었다. 님 웨일즈와의 인터뷰도 조국의 현실을 서방에 알리기 위해 응했으며, 조직의 보호를 위해 출판을 미뤄달라는 그의 부탁으로 책은 1941년에 출판되었다.

* * *

32세, 대단한 국제 공산당원 김산의 이야기는 이 정도면 충분하다. 마르크스가 러시아 박물관에 박제돼버린 지금에야 김산을 본받아 열혈 공산당원이 되라며 이 책보기를 권한다면 어불성설이다

"나는 겨우 열한 살 밖에 안 된 어린 나이에 집을 나와 혼자 힘으로 살아왔다. 주린 배 옆구리에 3개 국어 사전을 끌어안고 일본, 만주, 중국을 떠돌아다니던 초라하나 열정적인 학생이었다."

11살, 지금으로 치면 초등학교 5학년 때다. 그가 비폭력 3.1 만세운동의 처참한 실패를 경험한 후 '국제 과부, 조국'을 원

망하며 "울음소리가 함성으로 바뀔 때까지 돌아오지 않겠다"며 일본으로 떠났을 때, 역시 14살, 중학교 2학년 나이였다. 큰 바다에 고래가 산다고 큰 인물들은 반드시 남보다 이른 나이에 큰 뜻을 품게 되고, 그 뜻을 이루기 위해 어떠한 고난에도 일로 정진한다는 것을 말하고 싶다.

* * *

그가 겨우 15살에 무일푼으로 일본을 떠나 하얼빈에 내려서 남만주에 있는 민족주의 계열의 군사학교로 가기 위해 걸었던 7백리, 30일 간의 대장정은 어른인 필자가 부끄러워 고개를 못 들 정도로 대견, 대담하다. 굳이 광동 코뮨, 해륙풍 소비에트에서 보낸 열혈 20대, 일본 순사에게 국내로 잡혀와 감옥에서 겪는 고난과 신념에 찬 저항, 옥고로 병드는 것까지 언급하는 것은 사족이다. 32살에 불과한 젊은이가 낯선 서양인에게 '영어'로 풀어놓는 지난 20년 경험과 생각들, 그 지식과 사유, 신념의 깊음, 광활함, 결연함, 애국심, 동족에 대한 애정과 연민 앞에서 페이지마다 숙연한 마음을 가지지 않을 수 없다.

* * *

항상 그렇듯이 패배의 결정적 원인은 적전 분열, 좌절이다.

아리랑을 읽으면 1920, 30년 대 해방 전 동아시아 정세와 독립운동의 지형이 한눈에 들어온다. 열강의 틈바구니에서 지도자들이 어떻게 했어야 분단국가로 남지 않았을지의 역사적 교훈도 충분하다. 지금도 개인의 영달만이 아닌 대한민국과 역사를 걱정하고, 그것을 위해 자신을 조금이라도 희생시키는 길을 걷겠다거나, 걷고 있다고 생각하는 사람이라면 강산도 변한다는 10년에 한 번 정도『아리랑』을 꺼내 거울에 자신을 비추듯이 읽어볼 일이다.

서구 열강들이 경쟁적으로 할퀴었던 20세기 초 아시아. 국제 과부 조선의 똑똑한 아들 김산이 영국, 프랑스, 일본, 러시아, 독일 조계를 들락거리며 보여주는 개화 당시의 상하이와 만주 심양의 풍경, 목숨 내놓은 테러리스트들의 애절한 사랑도 읽을 만하다.『아리랑』의 마지막 구절, 김산의 발언이다.

"한 사람의 이름이나 짧은 꿈은 그 뼈와 함께 묻힐지도 모른다. 그러나 힘의 마지막 저울 속에서는 그가 이루었거나 실패한 것이 단 한 가지라도 없어지지 않는다. 그는 역사이기 때문이다. 유일한 그의 개인적 결정이라고는 전진할 것인가, 후퇴할 것인가, 싸울 것인가, 굴복할 것인가, 가치를 창조할 것인가, 파괴할 것인가, 강해질 것인가, 나약해질 것인가 하는 것밖에 없는 것이다."

＊ ＊ ＊

　『아리랑』을 소개하자니 『서울의 예수』로 유명한 정호승 시인의 「고래를 위하여」라는 시의 몇 구절이 생각난다.

　푸른 바다에 고래가 없으면
　푸른 바다가 아니지
　마음 속에 푸른 바다의
　고래 한 마리 키우지 않으면
　청년이 아니지

　　　　　　이나가키 아츠코, 『1평의 기적』

　신계치 라면집을 아는가. 매스컴을 통해 이 라면집이 신촌 어딘가에 있다는 말을 듣게 되었다.
　아주 오래된, 허름한 식당인데 여기 사장님이 라면 팔아서 빌딩을 샀다는 소문이 돌 만큼 유명하단다. 특정 라면에 계란과 치즈를 넣어 끓이는데, 하도 맛있어서 그 비결이 특허로 등록되었다고도 한다.

* * *

서울 모 언론사 앞에는 김치찌개로 아주 유명한, 역시 허름하고 좁은 식당이 하나 있다. 찌그러진 양은냄비에 돼지고기를 넣어 끓이는 흔한 방식이지만, 점심 저녁 끼니때가 되면 줄을 서서 기다려야 한다. 먹어보면 기다린 만큼 과연 맛있다는 소리가 절로 나온다. 그러니 "이렇게 잘되는데 식당 좀 늘려보라"고 권하는 손님이 어디 한둘이겠는가.

하지만 이 식당은 꿈쩍하지 않는다. 식당 잘 된다고 넓히면 망한다는 속설 아닌 속설도 있다지만, 사실 이 식당이 규모를 넓히지 않는 이유는 다른 데 있다고 한다.

음식의 맛은 기본적으로 재료가 좌우한다. 김치찌개의 핵심은 단연 김치다. 이 집 김치는 주인이 엄선한 재료로 정성껏 담아 땅속의 독에 일정 기간 보관한다. 식당 주인이 지금 이대로를 고집하는 것도 이 김치 때문이다. 식당 규모를 키우면 대량생산될 김치 품질에 문제가 생길 것을 우려하는 것이다.

* * *

1951년 양갱 노점으로 창업한 이후 '하루 150개 한정 판매'라는 철칙을 한 번도 어기지 않는 1평짜리 양갱 가게가 있다. 이 가게는 양갱을 사려는 손님들이 전국에서 비행기를 타고 와서 밤새 기다리는가 하면, 1평 가게의 연 매출이 무려 40억이다. 말 그대로 '1평의 기적'이다.

그러나 이 기적은 일본에만 있는 게 아니다. 앞서 언급한 라면과 김치찌개 식당들은 물론이고 '제빵 왕 김탁구'의 원 모델인 빵집부터 종로의 냉면집, 부산의 만두집까지 국내에도 수두룩하다. 그럼에도 일본 양갱가게의 기적을 보여주는 이 책을 추천하는 것은 이 책이 뻔한 성공스토리가 아닌 '처세술'이나 '자기계발'에 관심 있는 독자들에게 아주 유익하게 읽힐 것이라는 판단 때문이다.

* * *

이 책은 "성공을 향한 피나는 노력은 팥을 저을 때 솥 바닥과 주걱 사이가 종이 한 장 두께를 유지하는 경지에 도달하는 과정"이라고 설명한다. 또 식재료 납품업자를 거래처가 아닌 운명공동체로 여기는 진정성, 천천히 가르치고 끝까지 믿으라는 사람관리론, 가족을 아끼듯 사람을 키우라는 인재육성철학 등도 강조한다.

모두 여섯 장으로 이루어진 44개 이야기 하나하나가 모두 살면서 배우고 익혀야 할 덕목들로 가득 차 있다. 실로 처세술, 자기계발서의 아주 괜찮은 지존이다.

사토 게이지, 『줄 서서 먹는 반찬가게』

  소자본 창업 컨설팅 전문가인 '창업전략연구소' 이경희 소장에게 망하는 창업자의 가장 공통적인 하나의 이유를 주문했더니 주저 없이 '부족한 준비' 라고 답했다. 김연아 선수의 성공은 수천, 수만 번 넘어지는 과정의 준비를 통해 완성되었다는 것이다. 동네 푸줏간을 내더라도 '상권, 사람, 상품, 유통, 전문식견, 자본 등등' 에 대한 포괄적인 준비 없이 그저 욕심만 내며 덤볐다간 망하기 십상이란다.

* * *

  이런 충고는 '계란으로 바위 치는 일 중 대표적인 것이 자신이 100% 알지 못하는 분야의 사업에 뛰어 드는 것' 이라는 시중의 속설과도 맥락이 통한다.
  특히 이 사람들의 특징은 고집이 세다는 것이다. '자신이 모든 것을 잘 알고 있다' 는 자만과 고집으로 주변인과 경험자들의 충고를 귀담아 듣지 않는다. 물론 사업의 성공에 도움이 되는 교육이나 세미나들도 돈 낭비, 시간 낭비일 뿐이라며 무시하기 일쑤다. 그리고 결국에는 망한다.

* * *

　'주부의 가게 사이치'는 일본의 작은 온천 도시 변두리에 있는 80평 규모의 반찬 수퍼마켓이다. 도시 인구가 5천 명이 채 안 되는데도 주변에 대형 할인점들이 속속 들어서면서 경쟁도 날로 치열해지고 있다. 그럼에도 사이치는 '줄 서서 먹을 만큼' 유명세를 타고 있다. 물론 사토 게이지 사장의 경영기법이 매우 기발하며 지극히 합리적인 탓이다. 그런 그도 처음에는 절망에 빠질 만큼 어려웠다. 갖은 노력에 남다른 발상과 경영기법이 보태져 오늘에 이른 것이다.

* * *

　필자가 보는 사토의 비결은 '배짱, 절제, 메모, 인본주의'로 압축된다. 자신의 라이벌은 인근의 반찬가게가 아니라 '전국의 주부들'이다. 그녀들보다 맛있게, 위생적으로, 싸게 반찬을 만드는 것이 그의 목표다. 직원들의 친절 기준은 경쟁 가게가 아니라 주변의 모텔이다. 모텔에 들른 고객이 자신의 가게에 오는 만큼, 모텔보다 더 친절하지 않으면 불친절한 가게가 되기 때문이다. 매출과 순수익보다 품질과 고객만족을 최우선으로 삼는 절제, 거기서 나오는 공존의 인간존중철학. 무엇보다 사토 사장의 압권은 '아날로그 수첩'으로 대변되는 메모의 습관이다. 사이치의 모든 경쟁력은 바로 꼼꼼한, 기술적(?) 메모에서 나온다. 과연 적는 자가 살아남는다는 '적자생존'의 진수를 보는 듯하다.

* * *

전 일본 사람들이 비행기 타고 와서 줄 선다는 양갱 전문점 오자사 이야기 『1평의 기적』과 함께 읽으면 '창업, 재출발을 위한 포괄적 준비'에 더욱 도움이 될 것 같다.

임규남, 『회사가 키워주는 신입사원의 비밀』

10년 전쯤 『어머니, 저는 해냈습니다』라는 책의 저자 김규환 명장이 유명세를 탄 적이 있다. 초등학교도 제대로 다니지 못했던 사람이 대우중공업 사환에서 명장이 되기까지의 처절한 성공스토리가 IMF 이후 실의에 빠졌던 국민들의 타는 속을 어루만져 주었다.

* * *

『회사가 키워주는 신입사원의 비밀』을 쓴 저자 임규남 역시

대우맨 출신이다. 지방대를 졸업, ROTC를 마치고 대우전자에 입사했으나 지방으로 발령을 받았다. 직장생활만큼은 서울에서 하고 싶었던 그였기에 지방 발령에 완강하게 저항했다. 그때 한 직장 선배가 말했다. "회사에서 성공하려면 현장부터 알아야 한다. 오히려 현장을 공부할 좋은 기회가 주어진 것이다."

* * *

현명한 멘토를 만나 사표 대신 회사 안착에 성공한 그는 '세계는 넓고 할 일은 많다'며 사장을 목표로 달렸다. 2년 반 후에는 마침내 원하던 서울로 발령을 받아 올라왔으나 IMF와 구조조정이 닥쳤다. 자신의 운명을 놓고 고민을 거듭했던 그는 젊은 열정 하나만 믿고 다국적 기업에 도전했다.

그러나, 당시 저자에게는 영어가 취약이었다. 다국적기업의 공용어는 영어다. 저자의 미래는 영어가 전부였다. 말이 안 통하면 열정과 영업력이 무슨 소용 있겠는가. 결국 저자는 엑셀 3천 칸을 뽑았다. '연속 3천 시간 공부하면 뚫린다'는 외국어 공부원리에 무턱대고 도전하기 위해서였다. 하루 4시간이면 딱 2년이 걸린다. '화장실 여유시간 3분'과 출퇴근 등 자투리 시간을 최대한 활용했다.

※ ※ ※

그는 지금 뉴질랜드의 키위를 전 세계에 공급하는 제스프리 인터내셔널 본사의 높은 자리에 있다. 1년의 안식휴가를 받아 이 책을 썼다. 대우전자 신입사원 시절 자신의 퇴사를 현명하게 말렸던 그 선배의 입장에서 대한민국의 젊은 후배들에게 멘토가 되고 싶었기 때문이다.

그래서 이 책은 '아프니까 청춘이다, 너희들을 이해한다' 고만 할 뿐 구체적 대책이 없는 것과는 많이 다르다. 신입사원을 키우는 8할은 스스로에게 있는데, 그것은 자신감이라고 한다. 그리고 긍정과 친절을 달고 사는 것이란다. '사장이 되고 싶으면 사장처럼 행동하라' 는 말이 있다. 어떻게 하는 것이 그렇게 하는 것인지가 이 책에 들어 있다. 2013년 현재 대한민국의 백수이거나 신입사원들인 청년들에게 아주 훌륭한 멘토 한 사람이 등장했다.

나를 키워주는 인간관계론

에리히 프롬, 『사랑의 기술』

유명한 책이다. 많은 이들이 이 책에 대해 사랑을 학문과 산업으로 발전시킨 명저라고 평가한다. 표지에는 떨어진 고리 두 개를 끈 하나가 엮고 있다. 사랑이야말로 사람과 사람의 관계를 구체적으로 엮어주는 끈이라는 암시가 아닐까. 표지 글 역시 연금술사 파라켈수스의 말을 간결하게 인용했다.

"아무것도 모르는 자는 아무것도 사랑하지 못한다. 아무 일도 할 수 없는 자는 아무것도 이해하지 못한다. 아무것도 이해하지 못하는 자는 무가치하다. 그러나 이해하는 자는 또한 사랑하고 주목하고 파악한다. 한 사물에 대한 고유한 지식이 많을수록 사랑은 더욱 더 위대하다. 모든 열매가 딸기와 동시에 익는다고 상상하는 자는 포도에 대해 아무것도 모른다."

* * *

  이 말은 앞서 소개한 『나의 문화유산 답사기』의 저자 유홍준 박사의 명언을 떠올리게 한다. "사랑하면 알게 되고 알면 보이나니, 그 때에 보이는 것은 이전과 다르리라."
  즉 사랑하는 사람은 이전과 달라진다는 뜻인데, 이 책은 '그렇다면 이처럼 사람을 뒤바꾸는 사랑도 기술인가? 아니면 운만 좋으면 겪게 되는 감정인가?' 묻는 것으로 시작된다.
  답은 물론 '사랑도 기술'이라는 것이다. 원서의 제목은 'The Art(예술, 기술) of loving'이다. 실로 사랑은 춤, 연기, 노래, 때론 거짓말 등 모든 행위가 동시에 필요한 영역일지도 모른다. '그런데 왜 예술이 아니고 기술이지?' 라는 생각이 들겠지만, 읽고 나면 왜 사랑이 '기술'인지에 공감하게 된다. '작업'의 고수가 밝히는 '작업의 기술'처럼 사랑도 부단한 시행착오의 과정과 인내, 훈련이 필요하기 때문이다.
  실로 에리히 프롬은 사랑은 어려운 것이며, 의미를 배우지 않고 하는 사랑은 반드시 실패하니 사랑도 음악, 건축, 공학처럼 배우고 익혀야 한다고 단정한다.

* * *

  제2장은 '이론으로서 사랑은 무엇인가'라는 질문을 던지고 있다. 그에 대한 답은 다소 어려운 말로 이루어져 있다. 에리히

프롬은 사랑의 이론이란 '인간의 실존 문제에 대한 해답'이라고 정의 내린다. 짧은 철학적 지식으로나마 풀이해보자면, 사랑의 이론이 인간의 존재 이유를 설명하고 있다는 정도가 되겠다.

또한 이론적 사랑의 결론은 '철저히 주는 것'에 이른다. 유행가 가사에서도 충분히 들었던 말이지만, 이것은 '받았으니 줄게, 줄테니 다오' 식의 시장형 거래와는 다르다. 바라지 않고 참으로 줄 때, 역시 나에게도 사랑이 되돌아온다. 이에 대해 저자는 사랑이란 서로의 참여로 새로운 어떤 것을 탄생시키는 기쁨이라고 일갈한다.

여기서 오로지 주는 사랑의 요소로는 '보호, 책임, 존경, 관심, 지식' 등이 거론되고 있다. 실제로 '형제애, 모성애, 부성애, 이성애, 자기애, 신에 대한 사랑'이 모두 위의 요소들로서 설명될 수 있다.

나아가 그는 이기적인 것과 자기애는 정반대라는 점을 지적한다. 그에 의하면, 자기 자신을 사랑하지 못하는 사람은 아무도 사랑하지 못한다. 그리고 이기적인 사람은 진정으로 자신을 사랑하지 않는 사람인 것이다.

* * *

제3장에 이르면, 사랑이 붕괴된 현대사회에 대한 논평이 등장한다. 그는 자본주의 사회에서 인간은 목적이 아닌 수단으

로, 기계적 부품과 거래의 대상이 되고 있으며, 이로써 우리 사회는 '존경'의 가치가 삭제되고, 대신 '모든 것으로부터의 개인의 소외'가 발현하는 장이 되었다고 말한다.

나아가 자기애를 남용한 이기심이 사랑의 병리와 갈등을 줄지어 부르고 있고, '네 이웃을 네 몸처럼 사랑하라'는 사랑의 반석, 형제애는 사회 전체의 '공평과 공정'에 묻혀버리고 있다는 것이다. 나아가 신(神)마저 정의와 진리에서 벗어나 주식회사 우주의 대표로서 동업자 신세로 전락했다고 독설한다.

* * *

그렇다면 우리는 사랑을 포기해야 할까? 이것이 4장에서 던지는 질문이다. 그리고 에리히 프롬은 단호히 '아니다'라고 답힌다. 그는 사랑의 실천을 위해 사랑의 기술을 훈련하는 일이 필요하다고 역설한다. 그에 의하면, 특히 사랑한다는 것은 몸소 겪어야 하는 개인적 경험의 영역인 만큼 훈련도 개인적으로 이루어질 수밖에 없다고 한다.

이 훈련을 해내기 위해서는 우선 정신을 집중해야 한다. 정신을 집중한다는 것은 다른 사람에게 집착하지 않고도 온전히 혼자 있을 수 있는, 흐트러짐 없는 자세를 뜻한다. 한 예로 잡념 없이 하는 일에 최선을 다할 것, 좋은 친구 만나기, 말 하기보다는 듣기(경청), 역동적 움직임, 자아도취 없는 객관적 사고

(이성), 자신을 누구보다 사랑하는 것, 인내, 그러나 최종적으로는 사회가 보편적 인류애, 사랑을 회복할 수 있다는 신앙적 믿음을 향해 정신을 집중해야 한다. 사랑의 궁극적 도달점은 개인의 현상이 아니라, 사회의 현상이어야 하기 때문이다.

* * *

그런데 인간이 경제의 도구가 돼버린 현대 자본주의 원칙과 사랑은 불행하게도 양립이 불가능하다. 이 둘을 '양립하게 하려면 개인을 넘어 사회구조에 (중요하고 급진적인) 변화가 필요하다'는 게 에리히 프롬의 결론이다. 그 변화의 시발점은 오늘날 일반적으로 사랑이 결여되었다는 것을 밝혀내고, 이것에 책임이 있는 사회적 조건을 '모두 함께 자아비판' 하는 것이다.

* * *

마이클 샌델 역시 『돈으로 살 수 없는 것들』에서 박애, 평등, 자유, 정의, 진리 등 중요한 윤리적 가치들이 시장만능주의로 인해 일종의 거래대상이 돼가는 현실을 비판하고 있다. 50년의 간극을 두고 '사랑의 붕괴'에 대한 두 석학의 우려가 일치하는 대목이다.

'작업의 기술' 정도로 생각하고 덤비기에는 어렵고 난해한 책이다. 에리히 프롬이 제시하는 '사랑의 기술'을 보다 깊이 이해하고 싶다면 아리스토텔레스, 프로이트, 헤겔 정도는 미리 알고 덤비는 것이 좋겠다.

양창순, 『당신 참 괜찮은 사람이야』

오랜만에 아는 이를 만나면 우선 "오랜만"이라는 인사부터 시작해 여러 말들을 나누게 된다. 이렇게 이어지는 인사말들을 흘려듣지 않고 곰곰이 돌이켜보면 크게 두 종류로 나누어지는 경우가 많다. 하나는 긍정적인 인사말, 또 하나는 부정적인 인사말이다.

우리 옛날에 '말 한 마디로 천 냥 빚을 갚는다'는 속담이 있다. 인사말들도 마찬가지다. 상대방이 들었을 때 기분 좋은 인사말이 있는가 하면, 오히려 반가운 기분을 망치게 만드는 안 좋은 인사말도 있는 것이다.

* * *

필자의 주변에서도 비슷한 상황이 벌어진다. 어떤 친구들은 만나면 "어이, 기분 좋은 일 있어? 왜 이렇게 신수가 훤해졌어?

"라고 묻는다. 그런 말을 들으면 딱히 좋을 일도 없으면서 벙긋 벙긋 웃음이 난다.

반면 만나기만 하면 유독 "어? 얼굴이 많이 안 좋네. 어디 아파?"라고 인사를 하는 친구가 있다. 특별히 아픈 데는 없지만, 그 친구가 그 말을 하는 순간 왠지 기분도 몸도 무거워지는 기분이다. "아니, 안 아픈데." 대답은 하지만 속으로는 기분이 상하고 한 대 때려주고 싶은 맘까지 든다.

그런 친구들이 읽었으면 딱 좋겠다는 생각이 드는 책이 바로 지금 소개하는 책, 『당신 참 괜찮은 사람이야』이다.

* * *

이 책은 정신과 전문의인 저자가 오랫동안 갖가지 정신적 고통으로 힘들어 하는 사람들을 상담해오면서 깨달은 '인간관계론'을 아주 차분하고 부드럽게 풀어놓고 있다. 이렇게 해라, 저렇게 해라 명령하지 않으면서도 무릎을 치고 공감할 만한 부분이 많아서 읽는 내내 마음이 참 편해지는 기분이었다.

실로 『당신 참 괜찮은 사람이야』라는 책 제목만으로도 기분이 좋아지지 않는가? 내 등을 두드려주며 "당신, 정말로 괜찮은 사람이에요. 걱정 말아요." 위로해주니.

그렇다면 우리는 왜 이런 위로에 마음을 열고 싶어 하는 것일까? 여러 이유가 있겠지만, 가장 큰 건 인정욕구 때문이 아닐까 싶다.

사람은 누구나 인정받으며 살고 싶어 한다. 그러기에 남보다 더 많은 돈과 명예, 권력을 탐한다. 이에 대해 저자는 '하다못해 적에게조차 인정받고 싶은 것'이 사람 마음이라고 솔직하게 말해준다. 실로 우리는 타인의 말에 늘 솔깃해한다. 이렇게 잘 솔깃한 사람을 "귀가 얇다"며 놀리지만, 사실 칭찬을 듣는데 귀 얇아지지 않을 사람이 몇이나 있을까. 칭찬이나 호평 듣고 좋아하는 것은 남녀노소가 따로 없지 않은가. 그것이 뻔한 거짓말, 립 서비스라도 듣기 좋은 건 어쩔 수 없다. 저자는 바로 이런 속성 때문에 아부와 아첨도 기술적으로 잘하면 약이 될 수 있다고 말하고 있다.

* * *

그러나 저자는 타인으로부터 인정받기 위한 첫걸음을 무엇보다도 '나'에게서 찾으라고 조언한다. 타인에게 사랑 받기 위한 첫걸음은 '내가 나를 가장 많이 인정하고 사랑해주는 것', 두 번째 걸음은, 자신을 사랑하고 인정하는 동시에 타인을 인정하려는 노력을 경주하는 것에서 시작된다고 말한다.

이는 타인을 볼 때, 단점부터 찾아 꼬집기 전에 장점을 찾아 인정하고 사랑해주는 것을 의미한다. 이런 금언들이 교과서적으로 펼쳐진다면야 굳이 이 책을 읽어 뭐하겠는가. 하지만 이 책은 다르다. 생생하게 귀로 듣는 육성이 느껴진다.

타인으로부터 인정받고 싶은 마음 때문에 괴로운 적이 있었는가?

그렇다면 저자가 '정신적 문제인' 들의 치료 과정에서 하나하나 건져 올린 경험담들을 마음 편히 들어보자. '나를 인정해, 그리고 너를 인정해' 라는 한 마디만으로도 인간관계가 변할 수 있음을 느끼게 될 것이다.

5
지성의 눈으로
야성의 힘으로

미래의 답은 과거에 있다
E.H. 카, 「역사란 무엇인가」
루스 베네딕트, 「국화와 칼」
조강환, 「세계사에 빛나는 한국인 영웅」
푸른역사, 「역사의 길목에 선 01인의 선택」
최행보, 「오다노부나가와 소현세자」

과학을 모르면 창의력도 없다
토머스 쿤, 「과학혁명의 구조」
빌 브라이슨, 「거의 모든 것의 역사」
곽영직, 「교양과학고전」

미래의 답은 과거에 있다

E.H. 카, 『역사란 무엇인가』

역사란 무엇인가. 국가의 역사는 국사라고 칭한다. 또한 세계의 역사는 세계사, 정치의 역사는 정치사, 개인의 역사는 개인사라고 이름 붙일 수 있을 것이다.

에드워드 헬릿 카(Edward Hallett Carr)의 고전 『역사란 무엇인가』는 책을 읽지 않은 사람이라도 '역사는 현재와 과거의 대화'라는 그 유명한 한마디만으로도 너무 잘 알려져 있다.

이에 대해 어떤 사람들은 역사가 현재와 과거의 끊임없는 대화로 현재 입장에서 과거를 해석, 평가하는 것이라면, 언제든 변할 수 있는 것 아니냐고 질문한다. 즉 대부분의 역사는 객관적인 사실이라기보다는 해석의 주도권을 쥔 승자, 내지는 주류가 내리는 해석의 결과라고 믿는것이다.

* * *

하지만 헬릿카가 말하는 역사의 대화는 여기서 조금 더 나아간다. 그에게 과거와 미래는 동일한 연장선상에 있으며, 현재는 과거와 미래의 중간에 위치한 추상적 지점이라고 언급한다. 이처럼 시간이란 과거와 미래가 일직선으로 연결된 것인 만큼, 과거에 대한 정확한 분석과 이해가 있어야만 미래를 통찰할 수 있는 안목을 얻을 수 있다는 것이 저자의 주장이다.

특히 이 책은 역사가 어떻게 생성이 되는지, 역사 자체를 정의하는 것에 주력하지 않는다. 단재 신채호 선생께서 역사를 '아(我)와 비아(非我)의 투쟁'이라고 언급한 것처럼, 영국의 토인비가 '도전과 응전'이라고 역사를 정의했던 것처럼, 그는 역사를 연구하는 역사가(歷史家)의 태도, 올바른 역사 인식을 소양으로 갖춰야 하는 정치적 리더와 그 외 모든 사람들이 역사를 이해할 때 어떤 올바른 자세를 갖춰야 하는지를 이야기한다. 그 중에서도 특히 역사가의 자세가 중요하다고 역설한다.

* * *

개인적으로도 거시적으로도 가끔 과거 사건에 일종의 가정을 대입해 상상력을 펼칠 때가 있다. 가령 지금의 남편, 아내를 만나지 않고, 만수 말고 철수와 결혼했더라면?

그럼 지금 만수는 다른 누구와 결혼했을까? 그렇다면 만수와 결혼해 낳은 지금 내 아들과 딸도 세상에 없을 것이다. 그렇다면 나는 지금쯤 철수와 결혼해 어떤 아이를 내 아들과 딸로 두었을까, 또한 그렇게 다른 아들딸을 키우면 아이들의 중학교 반 친구들도 달라졌을 것이고, 그들의 부모도 달라야 할 것이고, 남편이 다르면 이곳까지 남편의 전근을 따라 이사오지 않았을 것이고, 그렇다면 지금 내 삶은 어떻게 되었을까…

과거에 대해 미련 많은 것이 인간의 특성이라지만, 이렇게 꼬리를 물고 이어지는 질문은 참으로 허망하고, 부질없다.

그러다보니 일부 객관적 법칙을 연구하는 자연과학자들은 아예 '역사는 없다' 라고 도장을 쾅쾅 찍으며 무시하기도 한다.

그러나 저자는 역사도 충분히 자연과학의 범주에 포함되며, 수학처럼 일반적인 법칙을 이끌어 내는 객관적, 과학적인 학문이라고 주장한다. 또한 이 때문에 역사가들은 무거운 사명감을 가지고 최대한 철저하게 연구에 임해야 한다고 대차게 말한다.

* * *

카에 따르면 역사는 지식이다. 지식은 목적이 있어야 한다. 목적 없는 지식은 공허하다. 니체는 지식의 궁극적 목적을 '생명을 촉진, 보존하고 종족을 보존하는 것' 이라고 했으며, 카는 이 문장을 책 안에서 중요하게 언급한다. 즉, 그에게 있어 역사란 인간 상호작용의 진보나 발전, 인간의 더 나은 삶을 이끌어주기 위한 것이다. 과거의 전통으로부터 관습과 교훈을 넘겨받아 유복한 미래를 설계하는 통찰력을 주는 것이다.

따라서 그는 역사가라면 자신이 포함된 현재 사회의 목적을 염두에 둔 채 과거 사회의 '사실'을 부지런히 수집, 역사적 사실이 될 만한 '가치' 있는 것을 엄선한 후 객관적이고 과학적인, 미래 통찰에 도움이 되는 해석을 내놓아야 한다고 말한다. 즉 수집, 엄선, 해석이야말로 역사가의 중요한 능력이라는 것이다.

나아가 그는 해석이 끝나면 역사가의 역할도 끝난다고 말한다. 그 역사적 해석을 받들어 사람들을 조직하고 선동해서 유복한 미래로 나아가는 것은 그 시대의 리더들, 특히 정치가의 몫이라는 것이다.

이와 관련해 그는 우리의 앞길은 '프루스트의 가지 않은 길' 천지이며, 헤겔의 말을 인용해 '위인은 시대의 의지를 표현, 그 의지를 실행하는 사람'이라고 정의한다. 시대정신을 제대로 읽는 리더를 만나야 따르는 무리들의 미래가 편해지는 것이다. 이것이 바로 우리가 유능한 정치지도자를 선출해야 하는 중대한 이유이기도 하다.

* * *

그런데 저자는 한 가지 우려를 내비친다. 현대인들은 지금

이전에 없었던 위기의 시점을 지나고 있다는 것이다. 그는 그 원인을 인간 정신의 진전을 압도하는 과학과 기술의 발전으로 본다. 인류 스스로 인류의 말살을 초래할 수도 있는, 전례가 없는 시대가 바로 현대라는 것이다. 즉 미래에 대한 혜안과 선택이 어느 때보다 중요한 시기이며, 그가 이 글을 쓴 것도 이 같은 우려와 맞닿아 있는 듯하다.

당장 우리만 하더라도 위기의 나날들을 보내고 있다. 크게는 911 테러로 드러난 문명의 충돌과 아랍 민주화 열풍 등의 세계적인 사건부터 좁게는 강대국 중국, 일본이 독도, 이어도, 철령 이북을 넘보는 임나일본부와 동북공정, 남북통일에서 역사가 주는 가치와 교훈을 토대로 선택을 해야 한다. 또한 어떤 선택을 내려야 우리의 미래를 안전하고 유복하게 이끌어올 수 있을지 냉철한 역사의식과 시대정신이 필요한 때다.

많은 이들이 역사를 얘기할 때 인상적인 에피소드만을 기억한다. 클레오파트라의 코가 높아 안토니우스가 사랑에 빠졌다거나, 나폴레옹이 네잎 클로버를 따려고 허리를 굽힌 덕에 목숨을 건졌다는 등등이다. 이것들은 그저 하찮은 우연일 뿐이다. 올바른 사회구성원이라면 자신이 몸담은 전체 사회와 시대를 지혜롭게 들여다봐야 한다.

참고로, 이 책에는 마이클 샌델의 『정의란 무엇인가』에서 언급한 인물들 이야기가 다수 등장한다. 독서는 이처럼 서로 엮이면서 지평을 넓혀준다. 이 책 역시 서양 중심의 인식이 다소 안타깝지만 역사에 대해 진지하게 살펴보고 싶은 사람들은 반드시 탐독해야 한다.

루스 베네딕트, 『국화와 칼』

한국인들의 경우 친한 사이라도 가끔 농담하듯이 "죽는다? 죽여 버릴 거야."라는 말을 주고 받는다. 그런데 일본에 오래 살다온 지인에 의하면, 일본인들은 그런 말을 잘 하지 않는다고 한다. 물론 이들 사이에도 장난스럽게 시비조의 말을 내뱉는 경우가 있겠지만, 가장 '쎈 말'이라고 해봐야 '바보, 멍청이'를 뜻하는 '빠카야로' 정도라고 한다. 그래서 어쩌다 장난으로 한국식의 농담을 던졌다가는 진짜로 그렇게 하겠냐는 의미로 해석하고 긴장한다고 한다.

* * *

지리적으로도 가깝고, 외모도 비슷하고, 역사적으로도 복잡하게 얽혀 있어서인지 우리는 일본에 대한 이런 저런 풍문들을 자주 듣게 된다. 이런 '카더라' 통신을 워낙 자주 접하다 보니 직접 보거나 겪어보지 않은 부분마저도 '알고 있다'고 착각하게 된다.

　필자 역시 평소에 일본에 대해 어느 정도 잘 알고 있다고 자부했지만, 사실 일본에 발도 안 디뎌본 사람이다. 일본어 역시 일제 잔재로 우리말에 섞여 있는 '다깡, 덴뿌라, 히끼, 오시' 같은 단어 말고는 아는 바가 없다. 일본 사람과 만나 진지하게 얘기를 나눠본 적도 없다.

　그러니 필자는 일본에 대해 그저 이 나라가 우리와 '멀고도 가까운 나라'라는 결론만 잘 알고 있는 셈이다. 비단 필자뿐만이 아닐 것이다. 일본인들이 어떤 사람들이고, 어떤 문화와 관습을 가지고 있으며, 어떻게 현재와 미래를 보고, 행동하는지 정확하게 알지 못하면서 역사 시간에 배운 일제 36년의 악행과 주기적으로 말초신경을 자극하는 '독도는 일본 땅'이라는 주장에 '욱!' 하는 한국인들이 적지 않다.

* * *

　1944년 6월 2차 대전 막바지, 미국 역시 그랬다. 그들은 전투를 치르면서 일본에 대해 점점 더 혼란스러워 했다. 유럽에서는 전체 병력의 25% 정도가 전사에 이를 정도면 전투를 포기하고 항복하는 것이 당연하다. 그럼에도 일본은 17,300명 중 17,150명의 군인이 죽음을 선택했다. 심지어 포로로 잡힌 150명마저도 전투 불가능한 부상자가 대부분이거나, 멀쩡한 사람은 그것을 수치로 여겨 자살했다. 게다가 착륙 장치 없는 비행기에 폭탄을 싣고 항공모함으로 돌진하는 가미가제 조종사들까지, 미국에게 일본은 도무지 이해하기 어려운 나라였을 것이다.

본토 사수를 외치는 일본을 무력으로 점령하려면 대체 얼마나 더 많은 군인들이 희생을 치를지 알 수 없는 상황에서 미국 전시정보국이 당대 최고의 인류학자 루스 베네딕트(Ruth Benedict)에게 에스오에스(SOS)를 쳤다. 미국이 상대하고 있는 일본인의 속성에 대한 연구를 급하게 의뢰한 것이다. 그렇게 나오게 된 책이 바로 일본을 해부한 불후의 고전으로 알려진 이 책 『국화와 칼』이다.

* * *

인문서의 경우 내용을 쓰기 전에 책 제목이 정해지는 경우도 있지만, 대부분은 내용이 완성된 뒤에 그것을 고강도로 압축한 단어로 뽑아내는 경우가 많다. 따라서 이 책의 제목인 '국화와 칼'이 가지는 의미를 누구보다도 직관적으로 느낄 수 있는 또 하나의 민족이 바로 한국인일 것이다. 실로 이들은 이웃나라의 왕비를 난도질했던 사무라이의 칼을 가진 나라이자, 국화를 사랑하는 탐미적 심성을 가진 이들이 아닌가. 게다가 강자에게는 고개를 숙이지만, 약자는 철저하게 짓밟는 습성, 오만방자한 동시에 끝없이 겸손한 이중적 측면, 죽창을 들고 죽음을 불사

하면서도 지휘자가 죽으면 오합지졸이 돼버리는 집단주의, 아시아에서 가장 먼저 유럽을 배우고 발전했음에도 인간을 신으로 신봉하는, 도대체 알 수 없는 이들.

아마도 미국의 종전 전략 또한 이 같은 결론에 도움을 받았을 것이다.

* * *

결국 미국은 에놀라게이 비행기에 실린 핵폭탄 리틀 보이로 히로시마와 나가사키를 폭격하는 극단적인 방법으로 '천황의 도쿄'를 압박해 항복을 받아냈다. '오야붕'이 항복하자 순식간에 '서양인 쇼군' 맥아더에게 순종하는 일본인들이 생겨났고, 점령군으로 진주한 미군들도 적잖이 의아스러워 했다. 물론 미국으로서는 기왕에 개발한 가공할 위력의 원자폭탄을 과시할 테스트 마켓이 필요했을 테고, 그 대상으로 같은 핏줄인 유럽 대신 황색의 일본을 택했다는 뒷담화도 있긴 하다.

* * *

이 책이 나온 지 벌써 70년이 다 되어간다. 강산이 일곱 번 변했을 시간이니, 현재의 일본도 과거와는 많은 부분이 달라졌을 것이다. 하지만 핏속의 기본 속성이라는 것은 쉽게 변하지 않는 것이고, 현재를 알기 위해 과거를 살펴보는 것이 필수적이라는 점에서 아직도 이 책은 큰 의미가 있다. 또한 이 책은 문화사로 보아도 읽는 즐거움을 준다. 당시의 동양적 생활상에서 한민족과 비슷한 점이 많을 뿐더러 서양의 엘리트 인류학자가 바라보고, 번역하는 관점과 단어들도 쏠쏠한 재미를 준다. 게다가 그들과 비슷한 우리의 특성들이 과연 일제 36년을 거치면서 생겨난 것인지, 같은 문화권이라서 그러한 것인지, 지금의 일본은 그때와 어떻게 달라졌는지 등등 다양한 질문들이 연이어 떠오르기도 한다.

*　*　*

만일 이 책이 부담스럽다면 이원복 교수의 만화 『먼나라 이웃나라 일본편』도 큰 도움이 되리라는 점을 말해둔다.

나아가 최근 '독도 문제'에 대해서도 이 책은 그럴싸한 결론을 제시한다. 독도를 지키려면 센카쿠 열도를 희토류로 단칼에 무릎 꿇리는 중국처럼 '힘'을 가지던가, 아니면 「임나일본부설은 허구인가」를 저술한 고려대 김현구 교수처럼 끈질긴 학문적 연구를 통해 저들의 주장을 꼬치꼬치 깨부수는 '실질성과 합리성'을 가져야지, 결단코 '욱!'은 아무 쓸모도 없다는 결론에 이른다.

조강환, 『세계사에 빛나는 한국인 영웅』

세계 최강국이라 불리는 미국의 국민들에게는 한 가지 특징이 있다. 이들은 유독 '영웅 만들기'에 적극적이다. 보통 사람도 어떤 극적인 순간을 거치고 극복하면 일약 영웅으로 떠받들어진다. '하룻밤 자고 나니 유명해지는 사람'을 끝없이 만들어 내고 이들에게 환호한다.

이 나라에서는 영웅이 될 수 있는 기회가 균등하다. 국민과 국익을 위해 소신을 지킨 정치인은 물론 올림픽 4관왕, 미모의 영화배우, 전장의 이등병, 헌신하는 소방대원, 철로의 아이를 구한 대학생, 목숨을 걸고 강도를 제압한 시민까지 모두 영웅이 될 수 있다. 그리고 미국인들은 이 크고 작은 영웅들을 통해 자신들을 과시하고, 자부심을 갖는다.

* * *

그에 반해 한국인들은 영웅 만들기에 인색하다. '사돈이 논을 사서 부자가 되면 배 아파한다. 각자만 보면 경쟁력이 대단한 사람들도, 넷만 모이면 사색당파로 갈린다'며 우리는 영웅이 나올 수가 없다고 말하는 사람들도 있다.

그렇다면 우리에게는 이순신 장군 빼고는 진정한 영웅이 없는 것일까. 눈 씻고 찾아봐도 외국에 비하면 영웅 수가 몇 안 되는 것에 침울해진 우리를 위해 이 책이 나온 듯하다.

이 책 『세계사에 빛나는 한국인 영웅』은 30년 넘게 기자로 일하던 시절부터 우리 역사에 관심을 가졌던 '창녕조씨중앙화수회 조강환 회장'의 책이다. 그리고 이 책을 읽으면 '한국인 영웅 없는 나라'라는 말이 터무니없다는 사실이 명백히 드러난다. 그간 우리가 잘 몰랐던 여러 영웅들이 되살아나 우리 곁으로 다가오는 기분이다.

* * *

일제 강점기 시절, 일본은 조선을 의도적으로 깔보기 위해 여러 세뇌 정책을 들고 나왔다. 그중의 하나가 한반도의 모양에 대한 것이다. 한반도의 외적인 모양새가 대륙에 간신히 붙어사는 연약한 토끼 모양이라는 것이다. 이후 생각 있는 조선 학자들이 일제의 관점을 수정했다. 본래 한반도는 앞 발톱을 높이 치켜들고 대륙을 향해 포효하는 호랑이의 형상이었다고 반박한 것이다.

그런데 이는 단순한 '반박'이 아니다. 실제로 반도 사람들은 모양새만 호랑이인 '종이 호랑이'를 넘어 실제로 대륙을 호령했던 실존의 호랑이였다.

그 대표적인 인물이 고려의 개혁과 부흥을 주도했던 글로벌 군주 충선왕이다. 그는 세계 제국 원나라 쿠빌라이의 외손자로서 고려를 최강의 국가로 키워냈다. 고려 행주 사람 기자오의 막내딸인 기황후도 역시 반도의 영웅이다. 그녀는 원나라에 궁녀로 끌려갔지만 끝내 황후가 되어 원나라를 떡 주무르듯이 통치했다. 고구려의 후손으로 북위의 황후가 된 고영, 북연의 황제가 된 고운, 그리고 임진왜란 때 대군을 이끌고 조선에 왔던 명나라 장수 이여송은 10전 10승의 불패 대장군이라 불린 조선 출신 이성량의 아들이었다. 금나라 태조 아골타의 7대조 역시 김보함이었다.

* * *

이처럼 이 책은 잘 알려진 우리 영웅 광개토대왕, 정복자 고선지, 해상왕 장보고, 윤봉길 의사, 안중근 의사는 물론이거니와 제왕, 무인, 문화, 종교의 33인 혜성들을 각각 8-10페이지에 걸쳐 '영웅'의 시각으로 새롭게 조명하고 있다. 영웅의 삶과 정신에 관심이 많은 이들에게 좋은 책임은 물론, 복잡한 국제 관계 속에서 '우리 영웅'으로 대접받지 못한 이들을 재발견하는 즐거움이 있다. 읽다가 유독 관심이 가는 인물에 대해 더 탐독해 보고 싶을 것에 대비해 참고 서적에 대한 정보를 제공하는 것에도 친절하다. 일독을 권한다.

푸른역사, 『역사의 길목에 선 31인의 선택』

원하지 않았지만 여기에 태어난 우리 인간에게 가장 확실한 것은 과거이고, 미래에 가장 확실한 것은 죽는다는 것, 그러니 단지 현재가 있을 뿐이다. 때문에 지나간 과거를 가정해보는 것만큼 허무한 일도 없겠다. 그러나 E.H. 카의 명언대로 '역사는 현재와 과거의 부단한 대화'이니, 현명한 현재를 위해서는 부단히 과거를 들춰보아야 한다.

* * *

19세기 아버지들의 잘못된 선택으로 20세기 아들들이 나라 잃은 설움을 혹독하게 당했다. 이는 우리가 현명하지 못하면 우리 아들과 손자들도 같은 설움을 당하게 될지 모른다는 걸 의미한다. 과거를 반성하지 않는 사람에게 역사는 똑같은 과거를 한 번 더 반복하게 하므로.

* * *

누구나 한번쯤은 7세기 통일 과정에서 '고구려가 삼국을 통일을 했다면 저 드넓은 만주와 강대국' 운운하는 가정을 해봤을 것이다. 그런데, 실제로 그랬을 수도 있었다. 연개소문과 김춘추의 엇갈린 선택이 신라 통일의 결과를 불러왔기 때문이다. 연개소문의 선택이 잘못되었다기보다는 아쉽다는 것인데, 그건 연개소문이 김춘추의 제의를 받아 백제를 협공할 수 없었던 정권의 취약성을 가지고 있었기 때문이다.

* * *

항복문서를 찢은 열지자(裂之者), 그걸 다시 주워 붙인 습지자(拾之者) 모두 충신이다. 청나라에 맞서 결사항전하자던 김상헌과 항복해서 실리를 따르자던 최명길의 선택을 두고 하는 말이다. 지금 우리가 그런 상황에 처한다면 최명길일지, 김상헌일지, 아니면 다른 그 무엇일지를 선택해야 한다. 과연 어느 길이 우리와 후손들을 위해 올바른 길이 될 것인가.

* * *

궁예 · 견훤 · 왕건의 선택도 마찬가지였다. 주변 국가의 정치 · 경제 · 문화의 변화, 그리고 국민이 진정으로 원하는 것이 무엇인지에 대한 시대정신을 꿰뚫은 '역사적 왕건'의 승리는 당연했던 것으로 보인다. 시대의 과제는 인식했으나 시대의 변화까지를 읽는 역사의식이 아쉬웠던 개혁 노선의 이승휴와 이제현. 마침내 고려의 개혁을 포기하고 42세 장년의 나이에 이

성계를 찾아가 혁명적 조선의 밑그림을 그렸으나, 이후 5백년 동안 역적이 되어버린 정도전. 탁월한 외교력과 실리를 중시한 광해군과 달리 실리도 정치력도 없었던 인조의 엇갈린 선택이 이후의 조선에 미친 영향.

근대국가의 여명에서 자주와 타협, 아래와 위로 선택을 달리했던 전봉준과 김옥균. 그들과 같은 시대를 살았던 민비는 과연 조선의 국모였을까. 지금 우리에게 긍정이나 또는 부정의 그림자를 곧바로 드리운 해방 전후 공간에서의 불꽃 같은 선택의 길목에서 명멸해간 이회영, 오성륜, 최창익, 송진우, 여운형의 선택까지 1,500년 시간의 군데군데에 박힌 역사적 네거리들을 『역사의 길목에 선 31인의 선택』이 꼼꼼히 훑어 봤다.

* * *

결국 이 책이 던지고 싶은 메시지는 잘못된 집단적 선택으로 이어지는 국가 조직의 흠집, 시스템의 버그가 몇몇 리더의 오류보다 더 위험하며, 따라서 그것을 경계하고 찾아내야 한다는 것으로 읽힌다. 이 책은 대단한 역사학자 18인이 공저했고, 도서출판 푸른역사에서 출판했다.

최행보, 『오다 노부나가와 소현세자』

　1534년 오다 노부나가, 1536년 도요토미 히데요시, 1542(?)년 도쿠카와 이에야스, 1545년 이순신, 1619년 봉림대군(효종)이 각각 태어나기까지의 나이 차이는 도합 85년, 16세기 중반부터 17세기 중반까지 동아시아 대전(임진왜란)을 중심축으로 일본, 조선, 명나라, 청나라가 어우러지는 격동의 시기였다.
　이 중에 핵심 인물인 도요토미 히데요시와 이순신은 약 아홉 살 차이로 1590년대 10년 역사의 자웅을 겨뤘던 라이벌이었다.

＊　＊　＊

　특정 분야를 연구하는 학자나 전문가가 아닌 일반 독자들에게, 책은 일단 재미있어야 읽힌다. 쉽기까지 하면 다홍치마다. 나아가 역사서라면, 여기에 정사든 야사든 역사적 사실, 팩트가 중심이 되어야 공부하는 재미까지 얻는다. 그런 의미에서 '숨어있는 1인치'를 찾는다면, 역사 연구가 최행보의 『오다 노부나가와 소현세자』를 추천한다.

＊　＊　＊

　이 책은 크게 세 단락으로 나뉜다. 구로사와 아키라 감독의 유명한 영화 「카게무샤」의 전설 다케다 신겐과 우에스기 겐신 등을 누르고 16세기 통일 일본의 기틀을 다진 오다 노부나가와 처세술의 달인 도요토미 히데요시, 50년 기다림의 두꺼비 도쿠가와 이에야스를 다룬 '대망'이 제 1단락. 이순신 장군과 도요토미 히데요시의 대결을 다룬 임진왜란이 제 2단락. 줄타기 외교의 광해군에 한참 못 미치는 국제 정치 감각 덕에 웅진(공주)과 강화도, 남한산성으로 도망 다니기에 바빴던, 결국에는 삼전도 치욕을 당한 '못난 조선' 비운의 어리버리 왕 인조와 그 복수를 위해 북벌을 추진했던 봉림대군(효종) 이야기가 제 3단락이다.

* * *

이 책은 오다로부터 효종까지 100년간의 동아시아 역사가 어떤 원인과 결과로 서로 물고 물렸는지, 그 과정의 중요 분기점들은 어디였는지, 이 이야기의 핵심 인물들은 어떤 선택으로 미래 흥망을 자초했는지를 한눈에 보고 압축해준다.

신기한 것은 100년의 역사, 그것도 격동의 삼국 역사를 이렇게 한 권으로 다뤘는데도 이전의 역사책에서 전혀 알지 못했던 것들을 그렇게나 많이 알게 해준다는 점이다. 그러다 보니 한 줄도 버릴 게 없어 검은 밑줄과 붉은 동그라미로 책이 난장이 돼버렸다.

***

'두견새가 울지 않으면 오다는 죽이고, 도요토미는 어떻게든 울게 하고, 도쿠가와는 울 때까지 기다린다' 는 각인각색 리더십. 오다의 혁신과 결단, 바늘장수 고자루(小猿, 작은 원숭이)의 도요토미 히데요시로의 성공시대, 인내의 화신 도쿠가와를 한꺼번에 읽을 수 있다. '대망' 은 이 정도면 충분하다. 눈만 뜨면 할복과 가이샤꾸, 싸움의 기술이 난무하는 30권 넘는 시리즈를 굳이 다 읽으라고 권하고 싶지 않다.

***

꼼수의 대가 고니시 유키나와가 경상우병사 김응서를 통해 이중 계략으로 유출한 정유 재침 정보로 결국 백의종군하게 되는 이순신, 그를 살려 보내지 않으려는 이순신의 노량 결전, 도쿠가와와 맞붙은 세키가하라 전투에서 패배해 이슬로 사라지는 고니시, 엽기 대왕 선조에게 희생당하는 익호장군 김덕령, 권율 장군에게 곤장 맞고 무리했다 참패하는 원균, 그나마 경상수사 배설이 도망쳐 남긴 12척으로 이순신은 명량에서 "常有十二 純臣不死, (상유십이 순신불사 ; 아직도 배가 열두 척이 남아있고, 순신은 죽지 않았다)"고 소리쳤다.

* * *

　삼전도 치욕에 히스테리를 가진 인조는 볼모로 잡혀간 탓에 청나라와 신문물에 익숙한 소현세자와 강빈을 결국 죽이고 만다. 왕위를 물려받은 소현의 동생 봉림대군은 명나라 유민을 활용한다는 전략으로 북벌을 위해 10만 양병과 군사력 증강에 나서다가 안타깝게도 요절하고 만다. 그러나 그가 키운 군사력이 만만치 않았음은 청과 러시아의 흑룡강 국경전쟁에서 조선군의 혁혁한 공으로 간접 증명된다.

* * *

　요소마다 적당히 버무려진 양념들도 훌륭한 서비스다. 명과 청 사이에서 오락가락하던 조선이 낳은 비운의 국제 미아, 허탈한 임경업 장군, 광해군의 눈치 보기 전략으로 청나라에 거짓 투항했다가 적장이 되어 돌아와 인조와 대결하게 되는 강홍립의 인생역정, 이순신의 노량 결전으로 일본으로 미처 돌아가지 못한 왜군 조총수 300명의 화력을 믿고 인조에게 대들었다 패가망신한 이괄 등 미처 몰랐으나 그 의미가 가볍지 않은 역사적 사실들과 배경을 알게 되는 재미가 보통이 아니다.

5 지성의 눈으로, 야성의 힘으로

* * *

　이 책을 읽고 좀 더 진도를 나가보고 싶다면 단행본 『도쿠가와 이에야스』, 『난중일기』, 『한 권으로 읽는 조선왕조실록』에서 『국화와 칼』까지 뻗어 나가도 좋다. 사실 『난중일기』는 일반 독자들이 처음부터 재미있게 읽을 수 있는 책은 아니다. 방문한 곳과 만난 사람, 그날 활쏘기를 같이한 사람, 술에 대취해 토하고 실수한 사람, 원균 수사의 못마땅한 행동에 대한 인간적인 비난 등을 짧게 서술한 일기이기 때문이다. 그러나 『오다 노부나가와 소현세자』나 임진왜란을 다룬 책을 읽은 후라면 그 맛이 달라진다.

과학을 모르면 창의력도 없다

토마스 쿤, 『과학혁명의 구조』

이 책은 현재 구입 가능한 번역본으로 까치글방(김명자 번역) 출판본이 유일한 듯하다. 만일 과학도나 과학자라면 원본이 나을 것이며, 일반인이라면 요약만 파악하거나, 다른 사람의 해설서를 함께 읽기를 권한다.

필자의 무지의 소치라고 하면 할 말 없지만, 번역자의 말대로 철저한 직역을 해서인지 과학과 거리가 있는 일반인이 읽기에는 거칠고 어렵다.

* * *

산등성이의 햇빛이 일진광풍에 휘날리며 순간 어두운 골짜기가 조명탄이 터진 것처럼 환해진다. 만일 빛이 입자라면 응당 그래야 할 것이다.

또한 빛이 만일 파동이라면 방파제가 물결을 막아주듯이 유리창도 빛을 막을 수 있어야 한다. 그런데 유리창은 빛을 막지 못한다. 진공관 안의 바람개비에 빛을 쏘이면 바람개비가 움직이기 때문이다. 대체 이건 입자도 파동도 뭣도 아니다.

그렇다. 빛은 입자와 파동의 특성을 동시에 갖는 양자역학적 실체, 빛 자체, 광자라는 것이 현대 과학자들의 중론이다. 물론 중론일 뿐이지 불변의 진리는 아니다. 언제든 새로운 이론이 등장할 수 있으며, 많은 과학자들이 '광자'라는 중론, 패러다임을 벗어나 새 이론에 동의할 수도 있다.

* * *

고등학생 때 석유곤로에 조그만 불이 붙었다. 얼른 심지를 내리고 입으로 바람을 세차게 불었지만 꺼지기는커녕 더 번질 기세였다. 순간 어디선가 들은 말이 떠올랐다. 기름에 불이 붙었을 때는 물을 끼얹으면 큰일이 난다, 이불을 덮어라.

그래서 두꺼운 이불로 곤로를 겹겹이 덮었다. 다행이 불은 꺼졌다. 이불이 산소를 차단해서 불이 꺼진다는 과학적 사실 정도는 교과서로 배워 알고 있었던 것이다. 그러나 프랑스 화학자 라부아지에(1743~1794) 이전에는 불의 연소 물질이 산소 아닌 플로지스톤이라는 것이 중론이었다.

물론 과학자 아닌 평범한 필자로서는 빛의 성질은 어떻고, 산소가 결합해야 연소가 일어난다는 등의 과학적 사실을 알고 모르고가 크게 중요치 않다. 해가 지면 어두워지고, 스위치를 올리면 전등이 켜지고, 꺼진 불도 다시 봐야 안전하다는 정도만 알면 세상살이에 크게 불편할 것이 없을뿐더러, 이런 것들은 스스로의 경험이나 사회적 훈련을 통해 자연스레 습득하게 되기 때문이다.

그러나 문자와 문법도 모르면서 소설을 쓸 수 없듯이 과학을 업으로 삼겠다는 과학도라면 다르다. 토머스 쿤이 1962년에 초판을 낸 『과학혁명의 구조』는 이들에게는 무엇보다 중요한 책이다. 과학이 어떤 경로로 발전했는지, 공부와 연구에 임하는 바람직한 태도는 무엇인지를 제시한 현대 과학관의 '고전'이기 때문이다. 지금은 각 분야에서 폭넓게 쓰이고 있는, 그 유명한 '패러다임 전환(paradigm shift)'이라는 말도 이 책이 원조다.

* * *

쿤에 따르면 과학적 진보는 지식의 축적에 따라 귀납적이거나 순차적으로 이뤄지는 것이 아니라 기존의 이론과 양립 불가한 새로운 이론의 출현을 통해 이루어진다. 이 충돌을 토대로 과학적 패러다임이 부분적으로 전환되거나, 대이동의 혁명적 방식으로 뒤집힌다는 것이다.

여기서 패러다임이란 해당 과학 분야의 기본 이론, 시각, 법칙, 개념, 지식은 물론 과학도들의 교과서와 문제풀이집, 실험 장비와 기술, 관습, 관행까지 '과학의 모든 것'을 일컫는다. 가장 극적으로는, 1543년까지 태양이 지구를 돈다는 천동설이 갈릴레오, 케플러를 거쳐 뉴턴에 이르러 마침내 지구가 태양을 돌게 되는 지동설로 전환된 무려 2백 년에 걸치는 코페르니쿠스적 전환 과정을 들 수 있다.

* * *

쿤에 따르면 대부분의 과학자가 동일한 패러다임 아래 각자의 연구를 수행하는 '정상과학의 시기'가 있다고 한다.

하지만 이 시기는 영원하지 않다. 그 정상 과학의 이론이나 법칙으로는 설명되지 않는 이상 현상의 출현이 빈번해지고, 그 이상 현상을 설명하는 새로운 이론이 기존의 이론과 충돌, 경쟁하는 '위기의 시기'가 도래할 수 있다는 것이다. 그리고 이 '위기의 시기'를 거치면서 기존의 이론은 붕괴하고, 이를 대체하는 새로운 패러다임이 새로운 '정상과학'으로 등극하게 된다.

특히 쿤은 이 과정과 관련해, 과학적 활동 역시 여타 사회적, 정치적 활동과 본질적으로 크게 다를 바 없다는 점을 간파한다. 통상적으로 과학의 특성이라고 간주되었던 객관성, 논리성, 경험주의, 가치중립적 성격이 다른 분야에 비해 상대적으로 강할지라도, 과학 분야 역시 각각의 이론에 대한 과학자들의 자기중심적 합종연횡이나 개종, 커밍아웃 등에 따라 새로운 패러다임이 탄생한다는 것이다.

여기서 쿤이 강조하는 것은 과학도나 과학자라면 정상과학의 틀에서 문제를 해결하려는 수렴적 사고와 함께 의문과 대안을 편견 없이 탐구하려는 열린 마음의 발산적 사고를 적절하게 조화시켜야 과학적 창의성을 최대로 발휘할 수 있다는 점이다.

흑사병을 피해 시골의 사과나무 밑에 누워있던 뉴턴이 떨어지는 사과를 보고 불현듯 '만유인력의 법칙'을 생각해 냈다는 것은 웃자고나 하는 말이다. 뉴턴의 '프린키피아'는 당시까지 지배적이던 아리스토텔레스적 자연체계는 물론 갈릴레오, 데카르트, 케플러, 보일, 가쌍디, 홉스, 유클리드, 헨리모어까지 기하학, 근대역학, 화학, 천문학, 기계적 철학, 광학 등 당시의 정상과학과 뉴 패러다임들을 두루두루 섭렵한 결괴였다. 즉 '정상과학' 없이는 뉴튼과 아인슈타인의 출현도 불가능하다는 말이다.

* * *

그런데 이 책이 더 흥미로운 건, 과학과 정치의 발전적 혁명구조가 심오하리만큼 원천적 유사성을 갖고 있음을 지적하고 있기 때문이다. '기존 정치제도, 법, 관행에의 개혁적 저항, 진영의 양극화, 정치의 실종, 무력과 대중설득 등 정치외적 사건으로서의 혁명, 새로운 정치' 등이 바로 그 실례로 들 수 있는 부분이다.

기존의 정치 체제에서 발생하는 합의 불가한 이상 현상의 누적, 이 이상 현상들을 관통하는 새로운 제도와 합의가 바로 정치적 패러다임의 전환을 낳는다는 것이다.

지금도 우리 사회에는 부분적 이상 현상들에 의한 파열음이 끊이지 않는다. 그러므로 패러다임의 전환을 주도할 능력이 안 되거든 최소한 전환 중인 패러다임을 읽고, 열심히 쫓아가 주기라도 하는 것이 정치적 생존의 관건임을 이 책에서 배울 수 있다.

빌 브라이슨, 『거의 모든 것의 역사』

공무원, 직장인, 학생 가릴 것 없이 인문학이 대세다. 특별히 애플의 스티브 잡스의 성공 이후 더욱 그렇다. 더 완벽한 선진국으로 발전할 동력과 글로벌 경쟁력을 키우려면 인문학적 상상력이 중요하다는 관점이다.

* * *

그런데 상상력과 창의력을 키워주는 인문학의 전제 조건이 분명히 있다. 다름 아닌 탄탄한 과학적 식견이다. '1+1=2'라는 치밀하고 정확한 과학적 진리를 바탕에 깔고 나서 발휘하는 '1+1=중노동'으로서의 인문학적 상상력이라야 가치가 있는 것이다. 만일 이 말이 틀렸다고 한다면, 그건 스티브 잡스나 빌 게이츠가 컴퓨팅 공학에 대한 완벽한 지식 없이 그저 풍부한 인문학적 소양에 힘입어 '그들의 성취'를 해냈다고 주장하는 것이나 다름없을 것이다.

예컨대, 과학이 몸체라면 인문학은 그 몸체를 비행시키는 날개다. 평화롭게 호수를 유영하는 오리의 인문학적 표정은 물밑에서 열심히 물갈퀴를 젓는 오리발 덕분에 가능한 것이다. 그것이 과학이다.

* * *

본론으로 들어가자. 하루살이에게도 오장육부는 있고, 작은 이슬 한 방울에 우주가 들어있다. 그런데 알고 보면 이 말은, 정말로 완벽한 사실이다. 빌 브라이슨이 쓴 『거의 모든 것의 역사』가 이를 증명한다.

미국에서 이른바 '모기 벨소리'가 화제다. 이것은 일종의 고주파 벨소리다. 나이가 들면 청력이 감퇴하면서 아이들에게는 들리는 소리를 못 듣게 되는데, 청소년들은 이를 자기들만의 소통 도구로 활용한다. 그런데 모기 벨소리는 사실 약과다. 지구가 시속 10만Km로 내달리는(공전) 동시에 시속 1,666Km로 회전(자전)하는 소리가 만일 우리 귀에 들린다면 어떨까. 단 몇 초도 못 버틸 것이다. 원심력의 법칙으로만 보자면 지구의 자전에 밀려, 마치 벼락처럼 저 멀리 우주로 튕겨져 나가야 한다.

* * *

인간의 귀가 너무 작은 소리도, 너무 큰 소리도 못 듣기에 고주파 벨소리와 지구 도는 소리가 안 들리듯, 인간의 눈 또한 너무 작은 것도, 어마어마하게 큰 것도 못 본다. 그래서 우리 눈에 원자(原子)와 신(神)이 안 보이는 것이다. 이 모두가 신의 정교한 우주 과학적 설계 덕분이다.

* * *

『거의 모든 것의 역사』는 46억년 전 지구가 생겼을 때부터 지금까지의 우주와 지구, 인간을 종횡으로 누비고 다니는 과학 교양서다. 태양과 달과 별, 지구와 인간과 동식물을 거꾸로 들고 탈탈 털어 엑기스만 뽑아 선보인다. 빌 브라이슨의 우주적 광폭 행보와 지적 사치(?)에는 감탄과 부러움을 넘어 유복한 출판문화에 모종의 질투심마저 일게 한다.

 인문학을 알아야 경영을 알고 세상의 이치를 안다지만 과학을 알면 신(神)이 보인다. 어마어마한 우주의 정교한 물리 화학적 시스템, 그 안의 깨알 같은 낱알에 불과한 지구, 그 지구 위에서 가냘프게 숨 쉬며 살아가는 인간, 그리고 물 속, 땅 속의 모든 것들. 이것들의 역사와 존재 방식을 탐구하다 보면 신을 부정할 수가 없게 되는 것이다.

* * *

 해운대가 우주라면 그 안의 모래 한 알이 지구다. 인간이 살 수 있는 육지의 면적은 그 모래알 표면의 4%에 불과하다. 전체 물 중에 인간에게 필수인 민물은 겨우 3%, 우리가 숨 쉬는 데 필요한 산소는 에베레스트 꼭대기(9Km)만 올라가도 숨쉬기 버겁도록 희박해진다. 지구가 책상이라면 산소층은 책상 위의 니스칠 두께에도 못 미친다.

* * *

 그런데도, 이런 환경에서 인류는 30억년 이상을 버티며 오늘까지 이어왔다. 이렇게 '이어오는 것' 도 알고 보면 원자의 순환이다. 오래 전에 죽은 대 문호 셰익스피어의 관 속에서 나온

원자들이 돌고 돌아 지금 한국의 소설가 이외수 씨의 몸을 이룬다. 지구상의 모든 물질의 총량은 그때나 지금이나 변화가 없다. 다만 형태를 달리하며 돌고 돌 뿐이다. 이것이 질량 불변의 법칙이다.

시오노 나나미의 『로마인 이야기』를 읽으며 천 년 전 로마의 역사에 감탄하고, 김훈의 『칼의 노래』를 읽으며 이순신 장군의 지혜를 흠모하는 것과는 또 다른 차원의 감동이 이 책에서 흘러나온다.

유홍준 박사는 명저 『나의 문화유산 답사기』를 시작하면서 "사랑하면 알게 되고 알면 보이나니, 그 때에 보이는 것은 이전과 다르리라"고 일갈했다. 이 거대한 우주의 섭리를 듣다 보면 오늘 하루를 주신 조물주에게 감사하고, 만족하며, 마음 편하게, 없는 것에 기죽지 않고, 있는 것에 거만하지 않는 해탈과 겸손의 도(道)를 터득하게 될 것이다.

곽영직, 『교양과학고전』

인문학이 대세를 이루면서 최근 『마흔, 인문학을 만나라(최효찬 지음)』같은 문사철(문학, 사학, 철학)을 다루는 책들이 많이 출판되고 있다. 이중에 지금 소개하는 『교양과학고전』은 과학적 식견을 넓힐 수 있는 교양과학개론서이다. 부제를 '수능 세대를 위한'이라고 달긴 했지만, 이는 마케팅을 위한 출판사 대표의 고뇌에 찬 선택일 뿐, 성인들의 폭넓은 과학적 식견을 위한 독서의 물줄기를 잡아주기에도 충분하다.

* * *

이 책은 기원전 4세기 아리스토텔레스의 『자연학』에서 출발해 코페르니쿠스의 대 반전 『천체회전에 관하여』, (인류 역사상 신(神)과 가장 가까운 사람이었다는) 만유인력 뉴턴의 『프린키피아』, 화학의 아버지라 불리는 라부아지에의 『화학원론』, 진화론 다윈의 『종의 기원』, 아인슈타인의 『상대성 원리』를 거쳐 코페르니쿠스적 대 반전이 촉발시키는 '패러다임의 변화'로 유명한 토마스쿤의 『과학혁명의 구조』에서 끝을 맺는다. 모두 18명의 대단한 과학자들과 그들이 썼던 불멸의 고전이 등장한다.

* * *

저자는 물리학을 전공한 교수로 과학적 지식의 대중화를 위해 이미 십 수 권의 과학교양서와 번역서를 출판한 만큼, 책 쓰는 데는 이력이 붙었다고 봐도 무리가 없다. 더구나 '수능 세대를 위한' 이란 전제를 깔고 썼다면, 어려운 과학이론과 과학사적 의미를 이해하기 쉽고, 재미있게 풀어 놓았을 거라는 추측은 굳이 하지 않아도 되겠다. 이미 필자가 읽어서 확인한 바이므로.

* * *

흔히 '아인슈타인=상대성 이론' 까지는 알지만 그 이론이 좀 더 구체적으로 무엇인지 아는 사람은 많지 않다. 간단히 말해 이는 '빛의 속도는 일정하고 절대적' 이라는 사실을 뜻한다. A라는 사람이 B라는 장소에서 관측한 C라는 물체의 이동 속도는 누가 C든 간에 절대적으로 변하지 않는다. 상대적으로 그 C가 누구든 간에. 시속 30Km로 마주 달리는 자동차의 운전수 C는 맞은편 차의 속도가 시속 60Km로 달려오는 것으로 느껴진다. 그 운전수 C가 상대적으로 누구든 간에. 멀리서 들리는 희미한 라디오 소리는 그 소리의 크기 자체가 작아진 것이 아니라 듣는 사람 C의 위치가 상대적으로 멀어졌기 때문이다. C가 누구든 간에. 그래서 '상대성 원리' 라는 이름에 대해 어떤 과학자들은 '상대가 누구든 변하지 않는 절대성의 원리' 로 바꾸어 불러야 더 이해하기 쉽다고 주장하기도 한다.

* * *

『교양과학고전』을 읽고서 좀 더 넓고, 깊게 과학적 식견을 탐닉해 보고 싶은 사람이라면 앞서 소개한 『거의 모든 것의 역사』를 함께 읽으면 금상첨화다.

6
차가운 머리, 뜨거운 가슴

젊음의 황금 코드, 감성
김소영, 「예술감상 초보자가 가장 알고 싶은 67가지」
임민수, 「카메라로 명상하기」
최도빈, 「철학의 눈으로 본 현대예술」
KBS 제작팀, 「한국의 유산」

따뜻한 눈으로 돌아보라
차동엽, 「김수환 추기경의 친전」
마이클 샌델, 「정의란 무엇인가」
장은주, 「정치의 이동」
이건범, 「좌우파 사전」

명불허전, 불멸의 소설들
이청준, 「당신들의 천국」
최인훈, 「광장」
조세희, 「난장이가 쏘아올린 작은 공」
루쉰, 「아큐정전」

젊음의 황금 코드, 감성

김소영, 『예술감상 초보자가 가장 알고 싶은 67가지』

사람은 책을 만들고, 책은 사람을 만든다. 정치는 생활을 바꾸고, 예술은 사람을 바꾼다. 그러므로 예술을 말하는 책을 읽는 사람은 '만들어지고 바뀌어지는' 두 가지를 모두 얻을 수 있다. 바로 이 책이다.

* * *

저자는 방송국 문화부의 중량급 기자이다. 오랫동안 예술 분야를 취재하고 보도하는 과정에서 넓혀간 안목, '평범한 일반인'을 대상으로 원고를 쉽게 써야 하는 기자의 속성, 무엇이 시청자들에게 뉴스가 되는지 날카롭게 간파하는 촉이 더해지면 결론적으로 초보자의 예술감상법을 위한 67가지의 가이드라인이 나오는 것도 당연해 보인다.

✻ ✻ ✻

　저자는 과거 서울역의 노숙자를 취재하는 과정에서, 다양한 지원과 자극에도 노숙을 벗어나지 못하던 사람이 처절함을 견디는 '그림'을 본 후 번개 치듯 자각을 하고, 인문학 강의를 들으며 '재기'를 다지게 되는 과정에 감탄해 '예술작품 감상의 중요성'의 정리에 나섰다고 한다.

　이 책은 우리가 주변에서 한번쯤 들었거나 봤을법한 예술 장르를 모두 담았다. 예술교육과 예술 감상, 정책 등에 대한 저자의 전반적인 의견과 함께 서양화, 한국화, 사진, 클래식 음악, 오페라, 판소리 중심의 국악, 무용, 연극, 뮤지컬 감상법까지가 책의 전반적 구성이다.

　나아가 저자는 예술 작품을 감상한다는 것은 그 작품에 대한 알파에서 오메가까지의 지식을 줄줄 외우는 일이 아님을 말한다. 기본 자세는 작품을 적극적으로 받아들이려는 마음이라는 것이다. 그는 일부러라도 '주인공과 동일한 감정에 빠져 보는 것(감정이입)과 여차하면 감탄을 늘어놓는 것'이 중요하다고 말한다. 모처럼 연극을 보면서 '주인공 네가 아무리 그래 본들 어디 내가 웃나 봐라'는 마음부터 버려야 한다고 강조한다. (그럴 생각이라면 시간과 돈 아깝게 극장에 갈 이유도 없다.)

＊　＊　＊

　책에 의하면 자신만의 관점으로 자유롭게 작품을 해석하고, 느끼고, 감탄하는 것은 얼마든지 좋다. 그것이 차라리 딱딱한 플라스틱 자를 들고 작품을 이리저리 재단하는 평론가들의 '난해하거나 이해 못할 해석' 보다 값질 수도 있다는 것이다. 심지어 베토벤의 교향곡 번호와 제목도 굳이 외워야 할 이유가 없다. 그저 보거나 듣고서 좋으면 좋은 것이다.
　저자는 클래식 음악을 가장 빨리 훑는 방법은 시대 순으로 대표작가의 명곡 2~3개를 자주 듣다가 동시대 작곡가들로 레퍼토리를 천천히 확장해 나가는 것이라고 말한다.

　　　　임민수, 『카메라로 명상하기』

　나를 바꾸는 가장 쉬운 방법, 카메라!
　삶을 즐기는 사람 중에는 오랫동안 가꿔온 취미가 있는 경우가 많다. 밤이면 락밴드에서 드럼을 치는 공무원, 직장인 연극단이나 성당의 합창단에 푹 빠진 사람, 아마추어 중창단을 꾸려 여기 저기 공연을 다니는 사람, 하다못해 친구 아버지 칠순 잔치에 기타 치며 팝송 불러주는 중년의 신사까지.
　아무 그런 것 없이 오로지 음주가무와 출퇴근만 있는 직장인이라면 당연히 그 사람들이 속으로는 부럽기도 할 것이다. 바로 그런 사람들을 위해 상당히 괜찮은 책이다.

* * *

『예술감상 초보자가 가장 알고 싶은 67가지(김소영 지음)』에서 분류했던 서양화, 한국화, 사진, 클래식, 오페라, 국악, 무용, 연극, 뮤지컬 중 실제로 창작까지 해보기에 가장 쉽게 접근할 수 있는 것이 무엇일까. 사진 전문가들은 동의하지 않거나 불쾌할 수도 있겠지만, 필자는 사진이라고 생각한다. 그림과 음악, 연극 계열은 기본적인 수련에 상당한 기간이 필요하고, 수련의 자습도, 혼자 무대에 오르기도 쉽지 않다.

그런데 사진이라면 가능하다. 아날로그 카메라 시대와 달리 특별한 기술도 당장엔 필요 없다. 그냥 카메라 한 대 어깨에 메고 밖으로 나가면 된다. 어깨에 메는 카메라가 없다면 우선은 스마트폰이라도 무방하다. 초보기에 오히려 고수들처럼 형식에 오염되거나, 어깨에 힘 들어가지 않아서 더 좋다. 물론 이 책의 저자인 임민수 사진 전문가의 견해에 따르자면 그렇다.

* * *

사진이라는 것은 '어떤 대상을 바라보고, 찍고, 사진으로 다시 보는 과정에서 얻는 새로운 깨달음을 즐기는 행위'이다. 그냥 스쳐가던 사물들도 카메라를 대고 보면 이전에 없었던 '의미'들이 새롭게 생기는 것이다. 더구나 핸드폰이 현대인의 신체의 일부가 되다시피 한 이유는 '사진이 소통을 위한 새로운 언어가 되었기 때문'이라는 게 저자의 생각이다.

글마다 주제에 맞게 배치된 송미옥 작가의 작품을 감상하는 맛도 일품이다. 일상에서 관심만 가지면, 이전과 다른 특별한 생각으로 눈앞을 응시하면 누구나 찍을 수 있을 것 같은 사진들이다. 혼자 나가 같은 대상 20장 찍어 비교하기, 둘이서 하나의 카메라로 번갈아 찍어가며 무언의 대화 나누기, 포토콜라주 만들기 등 사진적 철학을 훈련하는 구체적인 방법론들도 충분하다.

* * *

카메라의 어원은 '어두운 방'을 뜻하는 '카메라 옵스큐라'다. 세상의 빛으로 나가는 출구인 것이다.

최도빈, 『철학의 눈으로 본 현대예술』

배우고 익히면 즐겁다지만 철학은 사실 그러기가 참 어렵다. 철학이 어려운 이유는 다른 게 아니다. 누구 말마따나 '다들 알고 있는 뻔한 사실을 철학자가 마치 자기만 알고 있는 것처럼 어렵게 이야기하기 때문'이다. 물론 웃자고 하는 말이니 진짜 그렇다고 오해하면 곤란하다.

그런가 하면 예술도 배우고 익히기 어렵다. 그런데 이 책에는 '철학과 예술'이 다 들어있으니 쉽게 집어들 엄두가 나지 않을 수도 있겠다.

그런데 막상 읽어보면 그렇지 않다. 저자가 철학을 공부하는 사람이기는 하나 이 책은 예술 작품을 공자나 한비자, 아리스토텔레스나 칸트 등에 비춰보는 언뜻 기가 질릴 만한 내용이 아니다.

저자는 미국, 영국, 일본 등 각국의 유명한 미술관을 순례하면서, 그곳에 걸린 그림, 사진, 음악, 무용, 비디오 아트, 조형물 등의 역사적, 시대적, 사상적(철학적이라 해도 무방하겠지만) 배경과 의미를 알기 쉽게 설명해주고 있다. 결국 이 책은 제목만 어려운, 알고 보면 참으로 '친절한' 책이다.

* * *

 서울 강남 포스코 건물 앞 사거리에는 거대한 철제 조형 작품 하나가 설치되어 있다. 상당히 유명 작가의 작품일 듯하고, 들어간 비용도 만만치 않았을 듯한데 대체 그 작품이 가진 예술적 의미가 쉽게 와닿지 않는다. 예술을 폭넓게 이해하지 못하는, 평범한 필자의 눈으로 본 그 작품은 그저 쇳조각들을 땜질해놓은 것에 불과할 뿐이다.

 뿐만이 아니다. 서울 정동 구세군 회관 맞은편에는 '망치질 하는 사람'(Hammering Man)이 우뚝 서서는 하루 종일 망치질을 하고 있다. 조나단 브로프스키(Jonathan Borofsky)라는 미국의 유명한 설치작가 작품이라는데 이건 또 무슨 의미인지, 어디가 아름답다는 건지 난해하기만 하다. 다만 몇 년 전 그 작품을 몇 미터 옮기는데 수억 원이 들었고, 1년 유지비가 몇 천만 원이란 소문에 '에구, 그 돈으로 서울역 노숙자들 밥과 옷이나 사주지' 하는 '예술을 모르는 무식한(?) 탄식'만 했을 뿐이다.

 이 책의 저자 최도빈은 이렇게나 까막눈인 필자에게도 '삼민주의'에 충실한 현대 예술의 감상법을 넉넉하게 가르쳐준다. 학맥과 인맥의 담장 안에서 그들만의 리그를 벌이는 작가와 작품들에 대항하는 창조 민주화, 상업적이기 위해 폐쇄적이었던 예술 접근로가 유투브의 등장으로 인해 만방에 열려버린 유통 민주화, 누구나 쉽게 작품을 즐길 수 있게 된 감상 민주화가 바로 그가 언급한 삼민주의이다.

* * *

요즘 인문학 바람이 불고 있지만, 그럼에도 많은 이들이 왜 인문학을 해야 하는지에 대해서는 깊이 생각해보지 않는다. 여러 이유가 있겠지만 젊은 사람들에게 인문학이 중요한 이유는 아주 단순하다. 창의력의 출발점이 인문학에서 얻는 상상력이기 때문이다.

그런 면에서 이 책은 예술과 철학 까막눈들에게 현대 예술에 깃들인 철학적, 심미적 의미를 이해하는 눈을 뜰 절호의 기회를 제공해준다. '2013년 놓치기 아까운 책' 중의 하나로 강력하게 추천할 만하다.

대형 물놀이 시설마다 설치된 원통형 미끄럼틀을 기억하는가? 그것이 휠러라는 예술가의 예술작품에서 탄생한 것이라는 사실을 아는가? 미끄럼틀을 타면서 밖을 보는 것, 미끄럼틀 밖에서 타는 사람을 구경하는 것 자체가 현대예술의 한 장르인 체험 예술이라는 점도 이 책을 보고야 알았다.

KBS 제작팀, 『한국의 유산』

있다고는 하나 나 스스로도 본 적 없고, 제대로 봤다는 사람도 하나 없는 것이 있다. 바로 도깨비불이다. '있었다'는 기록은 도처에 있으나 봤다는 사람이 없는, 수많은 것들 중에 하나가 바로 춘사 나운규 감독이 1926년에 제작했다는 영화 「아리랑」이다. 심지어 영화 관계자들조차도 팔도 어디엔가 잠들어 있을지도 모를 이 필름을 찾기 위해 여념이 없다.

그런가 하면 유럽의 지성 움베르토 에코는 최근 저서 『책의 우주』에서, 종이로 인쇄된 책은 다른 발명품으로 대체될 수 없는 완전발명품이라고 주장하며 1900년대 초반의 수많은 영화와 TV 방송의 콘텐츠들이 지금 다 어디에 있냐고 묻는다. 메모리 완벽한 컴퓨터의 저장 매체들도 전기가 없으면 무용지물이라는 것이다.

* * *

이런 사안들과 관련해 의미 있는 책 한 권이 나왔다. 언젠가는 '있었다'는 전설로만 남을지도 모를 우리의 위대한 문화유산에 대한 책은 「KBS 한국의 유산」 제작팀이 「대한민국의 오늘을 만든 마흔다섯 가지 힘」이라는 부제를 달아 책으로 출간한 것이다. 읽다 보면, 이렇게 대단한 우리 문화유산이 있다는 걸 미처 몰랐다는 생각에 머쓱해지기까지 한다.

많은 이들이 하얼빈 역에서 이토 히로부미를 암살한 안중근 의사에 대해 많이, 심지어는 다 안다고 생각한다. 교과서에서 귀에 닳도록 읽고 들었기 때문이다. 하지만 거기까지다.

효자 뒤에 효자 부모 있듯이, 안중근 의사 뒤에는 그의 모친, 조 마리아 여사가 있었다. 그녀는 사형을 선고 받은 31세의 장남 안중근 의사에게 손수 지은 수의와 함께 다음과 같은 편지를 보냈다.

'먼저 가는 것을 불효라 한다면 이 어미는 조소거리가 된다. 너의 죽음은 너 한 사람의 것이 아니라 조선인 전체의 공분을 짊어진 것이다. 네가 항소를 한다면 그것은 일제에 목숨을 구걸하는 것이니 살려 달라는 모습을 보이지 말고 의연히 목숨을 버려라.'

이렇게 의연하고 당당한 정신이 바로 오늘날 대한민국의 혼이 된 것이다.

* * *

지난 1999년 말, 「라이프(Life)」지는 새천년을 앞두고 지난 1천 년 간 인류역사에 가장 큰 영향을 미친 발명으로 1450년 경쿠텐베르크의 금속활자를 선정했다. 대량 지식의 신속 전파로 인해 인류 문명의 비약적 발전이 가능했다는 이유였다.

그런데 이 결과에 의기양양해 하던 유럽인들에게 한 방 날린 책이 있다. '있었다'는 소문만 듣고 평생을 바쳐 프랑스 국립박물관을 뒤졌던 고(故) 박병선 박사가 마침내 찾아낸, 1372년의 「직지심체요절」이다. 이 발견에 세계는 입을 다물지 못했다.

'조선의 하늘은 중국과 다르다'고 생각했던 태조 이성계의 명령으로 제작된, 세계에서 두 번째로 오래된 천문도는 알고 있는가. 만일 하늘을 향한 우리의 웅장한 기상 「천상열차분야지도」 이야기를 처음 들어보는 것이라면, 1만 원 권 지폐 뒷면에 수수께끼처럼 새겨진 별자리를 보라. 바로 「천상열차분야지도」다.

* * *

『한국의 유산』은 1부는 기록유산, 2부는 인물유산, 3부는 문화유산으로 나누어 총 45개의 유산이 엄선되어 실려 있다. 우수한 방송 콘텐츠의 제작을 지원하고 선도하는 입장에서, 1분 방송을 위해 일주일을 뛰어다니는 KBS 제작팀을 격려하기 위해서, 또한 읽는 사람 자신의 교양을 위해서라도 한 권 사서 봐도 손해 볼 일 없는 책이다.

따뜻한 눈으로 돌아보라

차동엽, 『김수환 추기경의 친전』

'책상을 탁! 치니, 억! 하고 죽었다'는 시절이 있었다. 독재정권에 반대했던 사람들이 소리 소문 없이 사라지고, 곰을 끌고 와도 끝내는 자신이 '곰이 아니라 고양이'라고 인정하게 했을 만큼 무지막지한 고문이 자행되던 시절이었다.

그렇게 목숨까지 내놓고 줄기차게 민주화 운동을 펼쳤던 사람들이 최후의 보루처럼 여겼던 곳이 있다. 바로 명동성당이다. 야수처럼 뒤를 쫓던 이들마저도 수배자들이 명동성당에 숨어들면 감히 안으로 들어서지 못했다. 그 명동성당에는 우리 시대 큰 어르신이었던 고(故) 김수환 추기경이 계셨다.

"경찰이 들어오면 맨 앞에 내가 있을 것이고, 그 뒤에 신부들, 그 뒤에 수녀들이 있을 것이오. 그리고 그 뒤에 학생들이 있을 것이오."

1980년대 민주화 운동을 기억하는 사람이라면 김 추기경의 이 말 또한 분명히 기억하고 있을 것이다.

* * *

우리들의 큰 어르신이었던 김수환 추기경의 내면을 훔쳐볼 기회가 주어졌다. 차동엽 신부가 『김수환 추기경의 친전』을 엮어낸 덕이다. 이 책에는 추기경께서 살아생전 여러 지인들에게 쓰셨던 친필이나 육성들이 생생히 살아 있다.

차동엽 신부는 이미 희망과 치유의 베스트셀러 『무지개 원리』의 저자로 익숙하다. 그는 『김수환 추기경의 친전』에서도 특유의 따뜻한 시선과 정감 어린 손길, 편안한 글쓰기를 펼쳐 보인다. 그 덕분에 추기경의 친필 편지 곳곳에서 잘 조제된 항생제를 발견할 수 있다. 상처받고 괴로운, 버림받고 쓰라린, 실패하여 좌절하는 영혼들을 어루만지고, 격려하는 만병통치약이다.

1969년, 추기경은 한 소녀에게 짧은 편지를 주었다. 소녀는 아빠가 집을 나가고, 엄마는 병으로 누운 상황에서 혼자 아르바이트로 엄마와 동생들을 보살피고 있었다. 어린 나이에 힘에 부치는 날들이었다. 그녀는 장맛비가 새는 텐트 속에서 잠 못 들며 위로를 구했다. 추기경은 소녀에게 글귀 하나를 젖은 종이에 적어주었다.

"장마에도 끝이 있듯이 고생길에도 끝이 있단다."
그 짧은 편지가 이후 그녀의 버팀목이 되었다.

* * *

추기경도 사람이었다. 때론 역정도 냈고, 때론 질투도 했으며, 때로는 누군가를 흠모하기도 했다. 놀라지 마시라. 그가 흠모했던 이는 '바람과 함께 사라진 비비안 리' 정도가 아니라 독립운동에 투신했던 도산 안창호 선생이었다고 한다. 추기경께서도 젊어서는 한때 독립운동에 뛰어들 마음이 있었다는 것, 바로 이것에 놀라시라.

그러한 추기경께서 끝까지 우리에게 남기신 가르침은 '희망' 그리고 '사람에 대한 사랑'이었다.

편지 곳곳을 더듬어보면 대부분이 희망과 사랑에 대한 가르침이라는 점은 당신께서 이것을 얼마나 큰 가치로 여겼는지를 여실하게 느껴진다. 또한 추기경께서는 힘들어 하는 젊은이들에게도 다음과 같은 메시지를 남기셨다.

"희망이 있는 곳에만 희망이 있는 것은 아니란다. 희망이 없는 곳에도 희망을 걸어야 해. 무슨 말인지 알지?"

무슨 말인지 알쏭달쏭하다면 그의 『친전』을 찾아 읽어볼 일이다.

마이클 샌델, 『정의란 무엇인가』

언젠가 집창촌 단속에 항의하는 성매매 여성들의 집회와 시위를 뉴스에서 본 적이 있었다. 그 모습들을 유심히 보며 머리가 복잡해질 수밖에 없었다. 성매매는 분명히 '도덕적 결함'이 있는 행위다. 그럼에도 이 일은 성매매 여성들의 생계가 달려 있는 일종의 '직업'이기도 하다. 과연 성매매를 근절하는 것이 옳은가? 만일 그렇지 않다면, 다른 어떤 방법이 있을까?

난데없는 성매매 이야기가 정의와 무슨 상관이 있는가 되물을 수도 있다. 성매매는 나쁜 것이니 일단 없애고 보는 게 맞다는 의견이 많을 것이다.

하지만 이 문제, 결코 간단하지 않다. 성매매 근절이라는 표어 아래, 도덕적 명분과 현실론이 부딪친 것은 비단 우리나라만이 아니다. 실정법상 위법이지만 법으로 막을 수 없는 게 현실이다 보니 일부 국가에서는 아예 공창제를 도입했다는 것을 아는가? 그렇다면 국민을 정의로 이끌어야 할 국가가 어째서 매매춘을 장려하는 것일까?

마이클 샌델의 『정의란 무엇인가』는 이처럼 복잡한 문제들을 제시하고, 엉킨 실타래를 풀어가며 정의에 대한 새로운 정의를 내리고 있는 책이다. 그에 의하면 정의는 흑과 백으로 간단히 구분 지을 수 없는 '아주 까다로운 놈'이라는 것이다.

＊ ＊ ＊

 자, 다시 성매매 논점으로 돌아와 보자. 여기에 몇 가지 의견이 있다. 만일 '최대 다수의 최대 행복'이라는 공리주의 철학으로 다수결 원칙의 대못을 박은 제레미 벤담이라면 이 문제를 이렇게 바라보았을 것이다.

 '집창촌은 성범죄를 줄이는 데도 기여한다. 독신이나 욕구불만 남성들이 돈을 지불하고 성욕을 해결함으로써 얻는 쾌락, 성매매 여성이 돈을 버는 쾌락, 낮아지는 성범죄로 얻는 시민들의 쾌락의 합이 집창촌 인근 주민과 유통업자, 시민들이 느끼는 불쾌감, 영업 손실 등 고통의 합보다 클 경우 단속해선 안 된다'

 실제로 '청량리588'을 배경으로 한 이철용의 소설 『어둠의 자식들』에는 성매매 여성이 단속하는 경찰에게 "내 거시기가 국가 거시기냐?"라고 외치는 대사가 등장한다. 이 대사는 벤담의 뒤를 이어 공리주의의 비인간성을 보강한 존 스튜어트 밀의 '개인의 독립은 절대적, 자신의 몸과 마음에 절대적 주권을 갖는다'는 자유론적 주장과 한 치의 오차도 없다.
 그는 이 문제를 이렇게 바라볼 것이다.

 '국가가 성인끼리 합의한 '사랑'까지 간섭, 처벌하는 것은 과연 옳은 것인가?

* * *

그러나 지금의 '보편적 인권'의 기틀을 다진 도덕 철학자 칸트는 또 다르다. 그에 의하면 '존엄한 인간의 몸을 도구로 이용하는 성매매와 혼외정사'는 결코 있을 수 없는 일이다.

나아가 이것이 미국의 평등주의 정치철학자 존 롤스의 『정의론』에까지 이르면, 여성의 상품화 운운하며 단속을 강조하는 유력자는 '기회 불평등 사회에서 타고난 행운으로 호의호식하면서 사회적으로 가장 약한 자의 최소한의 이익마저 무시하는 배부른 도덕'으로 비칠 수 있다. 그야말로 각각의 견해들이 제각각의 근거들로 어지럽게 뒤섞인다.

물론 이렇게 다양한 의견들을 듣게 되면 누구나 머리가 아플 것이다. 그러나 철학이 그저 고뇌를 즐기는 사람의 개인적 취향이 아닌, 인류사회의 밑그림을 그려나가는 중요한 학문이라는 것을 새삼 깨닫게 된다는 점에서는 이롭다고 볼 수밖에.

그렇다면 결국 집창촌 문제는 어떻게 해결해야 정의로울까? 그러려면 우선 정의(正義)부터 정의(定義)해야 하는데, 또 이게 쉽지 않다.

80년대의 대학가는 최루탄이 교과서였다. 내가 대학에 다녔을 때 미국에서 갓 귀국한 한 젊은 사회학 교수는 "식인사회에서는 사람을 먹는 것이 나쁘니 그러지 말자고 주장하는 사람이 가장 먼저 잡아 먹힌다"며 '양키고홈'에 질색을 했다. 학생들은 누가 옳은지는 역사가 증명해줄 것이라 했고, 교수는 역사가 증명해줄 건데 공부나 하지 왜 난리냐며 갑론을박이었다.

* * *

마찬가지로 우리 삶의 현상과 문제들을 보면, '결론을 내리기 어렵다는 것'이 결론인 경우가 생각보다 많다. 비단 성매매 문제뿐일까?

경기도 양수리 방향 2Km 전방 '팔당 상수원 보호구역' 표지판에는 '차량 추락 시 수질오염이 우려되오니 서행 운전하시기 바랍니다'라고 분명하게 적혀 있다. 원치 않는 사고로 죽은 사람과 남은 지인들의 고통보다 수도권 시민의 불쾌함의 고통이 더 크다고 보는 영락없는 공리적 접근이다. 이 표지판은 과연 정의로운가?

또한 부자누진세, 안락사, 장기(콩팥) 판매, 대리모, 낙태, 징병제, 군필자 가산점, 배아줄기세포, 농어촌 학생 서울대 특례입학, 무상급식, 뉴타운 개발……. 과연 이중에 어떤 것은 정의롭고, 어떤 것은 정의롭지 않은지 대답할 수 있겠는가? 아마 쉽지 않을 것이다.

*　*　*

　바로 이것이 '정의가 무엇인지' 우리가 끝없이 토론하고, 합의해가야 할 이유들이다.

　즉 정의란 확고하게 정해진 것이라기보다는, 한 사회가 올바른 방향으로 향하기를 바라는 개개인의 열망과 숙고가 만들어내는 일종의 '합의'인 셈이다. 서로의 관점이 다른 수많은 문제들에 대한 합리적 해결책은 나와 다른 입장의 이해와 배려를 통한 '공평한 합의'가 최선이기 때문이다. 미래를 이끌어갈 대학 신입생들의 필독서 리스트에 이 책이 선정된 것 또한 유능한 리더가 되려면 '공평한 합의'에 도달하는 훈련부터 익히라는 권고로 보인다.

*　*　*

　또 하나, 이 책의 재밌는 여담을 소개하자면, 1750년 즈음 칸트 전성시대에도 일종의 장기 판매가 있었던 모양이다. 지금처럼 콩팥을 사고파는 것은 아니지만 부자들이 가난한 사람들의 생 이빨을 사서 자기 잇몸에 심었던 증거가 한 화가의 그림(Transplanting of Teeth)에 남아 있다고 한다.

　그래서 칸트는 이 역시 인간 존엄성의 심각한 침해라며 이를 갈았다는데, 장기거래가 왕왕 벌어지는, 과거와 다름없이 가난한 사람들이 지불 능력이 되는 이들을 위해 장기를 파는 지금

시대를 보면 칸트는 과연 뭐라고 할까? 문득 궁금해진다.

장은주, 『정치의 이동』

 마이클 샌델 교수의 『정의란 무엇인가』라는 책이 어려운 것은 정의(正義, Justice)라는 개념어의 정확한 의미를 정의(定義)하기가 쉽지 않기 때문이다. 정의(正義, Justice)는 외국어의 번역이다.
 한문을 그대로 번역하면 '바른 뜻'이라는 이 개념어의 실제 쓰임새는 그러나 매우 모순적이다. 쿠데타로 정권을 잡은 독재세력이 자신들의 무력에 저항하는 시민들을 무력으로 제압했던 명분도 오히려 '정의 사회 구현'이었다. 반면에 불편부당한 독재권력과 실정법에 맞서는 것도 '정의와 용기를 가진 행동'일 것이다. 누가 어느 각도에서 보느냐에 따라 '정의'의 뜻이 180도 달라지는 것이다.

* * *

 경제적 측면에서 정의는 재화의 정의로운, 혹은 공정공평한 분배가 초점이었다. 노예제도와 양반계급이 존재하던 불과

100여 년 전의 시대에는 양반의 자손이냐, 아니냐가 태어난 사람의 삶에 질을 결정하는 결정적 요소였다. 이렇게 자유경쟁을 침해하는, 정의롭지 못한 사회를 혁신, 개인적 능력이나 기여도에 따라 차등적으로 보상하는 업적주의(Meritocracy)를 기반으로 자본주의가 등장했다.

* * *

현재 우리는 개인의 노력에 따라 보상이 달라지는 자본주의 '경제정의'를 당연한 질서로 받아들이고 있다. 그런데 정말 우리 사회는 개인의 노력에 따라 보상이 얼마든지, 자유롭게 달라지는 것인가?

현실은 전혀 그렇지 않다는 것에 문제의 심각성이 있다. 교육과 직업, 부의 확보에서 '부모'의 환경은 결정적이다. 그리고 그런 부당한 질서의 고착이 심화되고 있다. 이른바 양극화 현상이다.

* * *

최근 이런 부조리를 극복할 수 있는 해법을 보여주는 TV 프로그램이 있다. 바로 김병만이라는 개그맨이 이끌어 가는 「정글의 법칙」다. 이 프로가 감동을 주는 이유는 족장 김병만의 리더십이 '지배'가 아니라 '상생'이어서다. 김병만은 '네가 죽어야 내가 산다'는 정글의 법칙 대신 '네가 살아야 조직이 살고, 조직이 살아야 나도 산다'는 상생의 법칙으로 구성원들을 이끌어 간다. 지시와 군림이 아니라 헌신과 솔선수범이 그의 테마이다.

* * *

장은주 교수가 말하는 정치의 이동도 바로 상생의 법칙으로의 이동이다. 분배의 정의를 넘어 '인간의 생명과 존엄'을 최상의 가치로 여기는 실질적 민주공화국으로의 이동이다. 대한민국 국민이면 그가 누구든 간에 최소한의 인간적 삶은 보장받을 수 있는 존엄한 복지공화국으로의 이동이다.

그런데 그런 존엄의 복지공화국은 시민의 적극적인 참여가 최우선의 전제조건이니, 정치를 이동시키려면 당신부터 참여하라는 것이 이 책의 메시지다. 마이클 샌델의 『정의란 무엇인가』를 제대로 이해하는 데도 많은 도움을 주는 책이다.

이건범, 『좌우파 사전』

일본의 오른손잡이 사무라이들은 칼을 왼쪽에 차고 길의 왼편을 걸었다고 한다. 그렇게 하면 칼을 뺌과 동시에 적을 공격할 수 있지만, 반대로 오른쪽을 걷다 보면 칼을 일단 빼든 후 다시 공격 자세를 취해야 하기 때문이라고 한다. 서부영화의 총잡이들은 당연히 오른쪽에 권총을 찼으되 길의 좌우편을 구분하지 않았다. 먼저 빼서 정확히 쏘는 자가 승자이므로.

* * *

가끔 삼정승 중에 영의정이 제일 높은 줄은 알겠는데, 그 다음 높은 사람이 좌의정인지 우의정인지 궁금할 때가 있다. 알아보니 여러 이치로 좌의정이 먼저다.
비슷하게, 무심코 걷는 사람들이 두 갈래 길에서 아무 길이나 선택해도 상관없는 상황에서 왜 어느 쪽을 선택하는 경향이 더 큰지, 왜 그런지가 마케팅 분야에서도 심심찮게 연구된다. 이런 상황에서 자신이 연구대상이라면 어느 쪽 길을 택할지 궁금하다면, 두 갈래 산책길에서 아무 생각 없이 걸어보라. 좌편향인지 우편향인지 금방 답이 나올 것이다.

* * *

프랑스는 세 사람이 모이면 와인을 이야기하고, 네덜란드 사람 셋이 모이면 꽃을 이야기하고, 미국 사람 셋이 모이면 아메리칸 풋볼을 이야기하고, 한국 사람은 셋이 모이면 정치논쟁으로 피 튀기는데도, 정치 수준이 가장 뒤떨어진 나라는 대한민국이라는 유머가 있다. 그 만큼 우리 서민들이 최고로 잘 씹는 술안주는 갈치도 꽁치도 아닌 정치다. 진보 · 보수, 좌 · 우파, 중도좌 · 우파, 수구꼴통 · 빨갱이가 수시로 붙고 엉킨다. 내일 중간고사 시험에 실패할지라도, 가벼운 지갑으로 버스 끊길까 걱정이라도, 오늘 이 술자리 말싸움에서 밀리면 끝이다. 설득적인 지식과 논리에서 발현된 뚜렷한 소신과 주관보다는 대개 목소리 큰 사람이나 '신문에서 봤다'는 사람이 우세승을 거둔다.

* * *

미국과의 FTA, 영어로는 'Free Trade Agreement' 우리말로는 '자유무역협정' 때문에 오랫동안 나라가 시끄러웠다. 대체로 찬성은 우파고, 반대는 좌파인 분위기다. 그런데 그 문제에 대해 어떤 결정할 위치나, 그걸 밥 삼아 연구해야 할 입장도 아닌, 무지한 민초이자 백성일 뿐인 필자는 이쪽 이야기 들어도 그런가 보다, 저쪽 이야기 들어도 그런가 보다 싶다. 스스로가 어느 지점에서 세상을 바라보고 사는지 정확한 좌표 없이 어줍

잖게 말싸움 붙었다가 깨지기 일쑤다.

  그래서 『좌우파사전』이라는 책을 구했다. 배워서 굳이 남까진 안주더라도 배운 만큼은 내 것이다. 어젯밤 토론에서 완패하고 아직도 분을 못 삭인 말싸움 승부사, 한 수 위의 지식과 논리로 자신의 입장을 명확하게 정리해서 다음 토론에서 멋지게 그 친구를 깨줘야겠다는 뒤끝 있는 '이빨'들에게 딱 필요한 책이다.

* * *

  이 책은 14명의 가방 끈 긴 교수와 학자들이 좌파와 우파의 개념부터 국회제도, 법치, 애국가와 태극기, 남북문제, 한미동맹, 시장논리와 신자유주의, 노동문제부터 사형제도, 영어공용화와 고교평준화까지 22개의 핵심적 이슈들을 알기 쉽게 정리했다. 두께도 만만치 않다. 사전이기 때문이다. 그러므로 한꺼번에 독파할 그런 책이 아니라 잠자는 머리맡에 꽂아두고 어젯밤 술자리에서 '삼식'이에게 깨졌던 분야부터 읽으면 된다. 한두 분야를 읽다 보면 다른 분야까지 조금씩 정리가 되면서 세상을 보는 씨줄과 날줄의 범위가 점점 선명해진다.

* * *

나아가 우리 일상을 싸고 도는 이슈가 겨우 22가지뿐이겠는가. 당장 의료민영화와 구제역 보상, 뉴타운 개발, 종토세 등등 이슈는 차고도 넘친다. 『좌우파 사전』은 그래서 시리즈로 나올 가능성이 크다.
 이 책의 기획자들이 말하는 대로 '하늘의 새는 좌우 양 날개의 균형으로 날아간다. 시대를 통찰하는 안목을 위해서'까지는 아니더라도 높은 산 쳐다보면서 '참 높다' 질리기 전에, 지혜로운 세계관을 위해 남몰래 야금야금 공부하기 딱 좋은 책이다. 물론 학과 공부나 리포트 작성에도 도움이 크게 될 것임은 말할 나위가 없다.

명불허전, 불멸의 소설들

이청준, 『당신들의 천국』

말 그대로 '너무나 유명한 소설'이다. 읽지 않은 사람 대다수도 작가와 제목은 들어서 알고 있을 만하다. 그런데도 '당신들의 천국이 어떤 소설이지?' 하는 생각이 든다면 조용히 인터넷에서 검색해보기 바란다. 이 소설을 남에게 물어본다는 것은 조금 쪽팔린 일이 될 수 있다.

다양한 정보들이 있겠지만, 아마도 최인훈의 『광장』, 조세희의 『난장이가 쏘아올린 작은 공』과 함께 100쇄를 넘긴 소설이라는 게 제일 먼저 눈에 띌 것이다. 그만큼 시대를 건너서도 꾸준히 읽히는 스테디셀러라는 의미다.

필자 역시 이 책을 1980년대에 조세희의 『난쏘공』과 함께 읽었다. 최근 우연찮게 25년은 족히 넘게 책꽂이에 고이 모셔져 있었을 이 책을 다시 꺼내 읽게 되었다. 무슨 특별한 계기가 있어서라기보다는 감수성 예민한 시기에 이 소설에 절절히 감동하고 친한 이들에게 십수 권은 선물했을 터인데, 요즘 들어 책꽂이 중앙에 꽂힌 이 책을 보면 '근데, 구체적으로 내용이 뭐였더라?' 하며 머리를 긁적이게 되어서다.

* * *

요즘에는 '한센인'이라고 부르지만, 예전에는 한센병에 걸린 사람들을 '문둥이'라고 불렀다. 한센병은 잘 알려진 대로 '문둥병'이라고도 불리는, 평생에 걸쳐 몸 일부가 상하고 썩어 들어가는 병이다. 이 소설은 바로 이 문둥병에 걸린 이들의 이야기다.

이 소설은 한센인들이 강제로 수용되었던 남해안의 섬 소록도라는 공간적 배경과 간척지 공사라는 상황적 배경 속에서, 강자들이 약자들에게 제시하는 천국의 건설은 진실한 사랑과 이해 없이는 모두가 어우러지는 '우리들의 천국'이 아닌 강자들이 일방적으로 기획한 '강자들의 천국'이 된다는 사실을 유려한 구조와 문체로 그려내고 있다. 나 역시도 이 제목을 처음 봤을 때 그 '당신들'이 왠지 범상치 않다는 느낌을 가졌다.

책을 꺼내보니 25년의 세월이 고스란히 남아 전체가 누렇게 바랜 데다 접착도 약해져 몇 장은 떨어져 나풀거리기까지 했다. 그렇게 첫 장을 넘겼을 때 나도 모르게 혀를 찼다. 기억력이란 참 허탈한 것이다. 거의 처음 읽는 책이나 다름없었다. 다음 내용이 뭔지, 결론이 어떻게 끝나는지 대체 어느 대목, 어떤 문장에 그렇게 감동했는지 기억이 나지 않았다. 그러니 신간 소설을 읽는 것과 다를 게 하나도 없었지만, 꼼꼼히 곱씹어 읽고 다시금 여러 번 감탄하게 되었으니 부실한 기억력이 결과적으로는 또 한 번의 즐거움을 선사한 계기가 되었다.

* * *

『당신들의 천국』은 픽션이긴 하지만, 1962년 전후에 한센인 집단 수용지였던 남해안의 계란 한 개 만큼 작은 섬, 소록도를 배경으로 일어난 실제 사건을 세밀하게 정리한 역사적 기록에 가깝다고 봐도 무리가 없다. 주인공은 물론 등장인물 대부분이 실존 인물들일 뿐더러, 이중에 많은 수가 아직도 생존해 진실한 천국의 구현을 호소하고 있는, 현재 우리들의 이야기이기도 하다.

소설을 읽다보면 강자들의 횡포에 주먹을 불끈 쥐게 되지만, 찬찬히 읽다보면 인간 세계의 끝에서 고통 받는 한센인들의 마지막 희망과 절규를 앗아버린 육지 사람들을 비난하는 게 이 소설의 목적은 아닌 것 같다.

문둥병은 어린이 간을 빼먹어야 낳는다는 소문에 집안 단속을 해야 했던 시절에 흉측한 외모가 주는 충격을 다스리고 오로지 사랑만으로 이들과 함께 '우리들의 천국'을 건설해야 한다고 이 '당신들'에게 요구하는 것도 사실은 공평하지 않다.

결국 이 소설은 타인에게 베푸는 마음이 무엇을 기반으로 해야 진짜 베품이 되는지에 대한 성찰에 더 많은 관심을 쏟게 한다.

* * *

'연탄재 함부로 발로 차지마라.
너는 누구에게 한 번이라도 뜨거운 사람이었느냐.'

 내 경우는 책을 덮고 난 뒤 나도 모르게 안도현 시인의 시 구절을 떠올릴 수밖에 없었다. 나와 내 가족 아닌 타인을, 또는 내 것이 아닌 다른 무엇을 위해 진실한 땀 한 방울이라도 흘리며 살아봤는지 양심의 가책이 든다.
 그렇고 그런 세상이라며 '내가 포함된 우리들만의 천국'을 위해 은근슬쩍 이기적 탐욕과 약탈의 대열에 합류하지는 않았는지, 약자와 소수의 불편한 현실보다는 강자와 다수의 기득권에 편승하려 들지는 않았는지 부끄러운 자신을 돌아보게 된다.
 물론 모두가 이 책을 읽고 이런 자기반성을 하라는 법은 없다. 좋은 소설들은 그 안에 다양한 함의를 내포하고 있는 만큼, 모두가 다양한 각도에서 책을 읽어 내리는 편이 긍정적이다. 하지만 그 어떤 각도에서 보더라도 이 책은 아주 작은 한 조각이나마 윤리적 성찰을 가능하게 한다.

여러분 스스로가 평범한 이라고 생각되는가. 그렇다면 『당신들의 천국』을 다시 읽을 때 205페이지는 그냥 대충 넘어가기 바란다.

황 장로의 병자년 흉년 체험기가 너무 지독해서 삶의 공포를 느끼게 될지 모른다. 그럼에도 그 페이지를 반드시 읽겠다면 '당신들의 천국' 밖에서 소외와 핍박을 받는 약자의 '사람'들이 종국에는 얼마나 지독하게 이성을 상실할 수 있는지에 유념할 것을 주문한다. 인간 세상의 파국을 피하기 위해서라도 패자와 약자에 대한 사랑을 실천하기 위해 몸서리를 치게 될 것이므로.

그러나 정치인과 관료, 상위 몇몇 프로 안의 부자라면 반드시 이 205 페이지를 읽어야 한다.

모든 사람들이 골고루 배고픔을 면할 수 있고 핍박이 없는 좋은 정치와 현명한 정책, 약자에 대한 사랑과 배려가 공존을 위해 반드시 필요하다는 것을 알게 되므로.

소설 『당신들의 천국』은 '대학 신입생 추천 도서' 목록에 해마다 빠지지 않고 선정되는 책이다. 『최인훈의 광장, 조세희의 난장이가 쏘아올린 작은 공』과 함께 100쇄를 넘긴 소설이다. 현역 대령이자 소록도 병원장 조백헌의 노블리스 오블리제, 나눔과 배려는 무엇보다 '모두의 천국을 위한 사랑'이었다.

천형(天刑)의 섬이었던 소록도에 가보자.

'메도 죽고 놓아도 죽는 바위'에 새겨진 '문둥이 시인 한하운'의 〈보리피리〉를 읽어보자.

세계 최초 복층다리 거금대교까지 걸어 건너며 그들의 한이 서린 '분홍빛 바닷물'에 사랑의 보리피리를 불어주자.들의 천국을 위한 사랑'이 먼저였다.

보리피리 불며 봄 언덕 고향 그리워 피―ㄹ 닐니리. 보리피리 불며 꽃 청산 어린 때 그리워 피―ㄹ 닐니리. 보리피리 불며 인환의 거리 인간사 그리워 피―ㄹ 닐니리.

보리피리 불며 방랑의 기산하(幾山河) 눈물의 언덕을 지나 피―ㄹ 닐니리

* * *

우리나라의 경우 나눔과 배려의 기부가 선진국에 비해 매우 낮은 것이 현실이다. 최근 『당신들의 천국』이 올 해의 대학 신입생 추천 도서 중 하나로 선정되었다는 소식을 들었다. 이 소식을 들으며 나는 대령 출신의 소록도 병원장이었던 주인공 조백헌을 떠올렸다. 한센인들을 궁지로 몰아넣었던 탐욕 이전에

그의 '노블리스 오블리제' 또한 더욱 규명되고, 보다 널리 알려지는 것도 나쁠 것 같지 않다고 생각했다. 기부는 돈으로 하는 게 가장 쉬울지 모르나, 그게 없더라도 조백헌 원장처럼 사랑으로도 가능하기 때문이다.

최인훈, 『광장』

책만큼 그 수가 엄청난 물건도 드물 것이다. 서점에 가면 아찔할 정도로 많은 책들이 있고, 하루가 멀다 하고 신간들이 쏟아져 나온다.

하지만 그 많은 책들 중에 대부분은 '소설은 소설, 시는 시, 수필은 수필'로 각각 한정된다. 실로 필자는 그간 소설 같은 시를 보지 못했고, 시 같은 소설은 더구나 보지 못했다. 최인훈 작가의 〈광장〉을 읽기 전까지는.

* * *

광장! 앞에서도 이미 밝혔듯이 지금까지 한국 소설가의 작품 중에 100쇄 넘게 읽히며 스테디, 베스트셀러의 지위를 차지하고 있는 소설은 딱 세 작품으로 알고 있다. 고(故) 이청준 작가의 『당신들의 천국』, 조세희 작가의 『난장이가 쏘아 올린 작은 공』, 그리고 최인훈 작가의 『광장』이 그것들이다.

 책의 서문을 종합하면 이 작품은 1960년 「새벽」 11월호에 처음 발표되었다가 52년간 개정에 개정을 거듭해 오늘에 이르렀다고 한다. 그 사이 영어, 일어, 불어, 독어, 러시아어, 중국어 등으로 번역되어 전 세계인들에게 읽히고 있다.

 그만한 이유가 있을까? 충분히 있다. 개정을 거듭할 만큼 이 소설에 살아 숨쉬는 작가의 혼이 현재 진행형이고, 그 혼이 문장 하나, 단어 하나, 느낌표와 쉼표 하나에까지 살벌(?)하리만큼 잘 녹아들어 있다. 그러다 보니 이전 판과 이후 판의 변화, 이를테면 느낌표의 위치와 단어의 교체에 대해 따로 연구하는 사람들이 있을 정도다.

 문장 하나, 단어 하나 대충 읽고 지나갈 대목이 없고 한 구절 한 구절이 정밀하, 이른바 시 같은 소설이다. 줄마다 읽는 문장의 맛이 다른 책과 비교할 수 없이 그윽하여 때론 미소를, 때론 슬픔을 불러일으킨다.

 아마 초판 완성하는 데만도 아주 오랜 시간이 걸렸을 듯하다. 읽다 보면 하루에 기껏해야 한 문장 정도 써내려가지 않았을까 싶다. 그래서 이 글을 쓰는 것도 몹시 조심스러웠다. 원작의 문장 하나가 하루 걸렸을 듯한데 서평도 그리 써야 하는 게 아닐까, 혹시나 원작에 조금이라도 누를 끼칠까, 온갖 걱정에 오랫동안 못쓰고 망설였다.

＊ ＊ ＊

　이 작품의 주인공은 대학생인 이명준이다. 교정에서 종로로 걸어 나오는 장면으로 봐서 아마 당시 혜화동에 있었던 서울대 문리대 철학과 학생 정도가 아닐까 추측된다. 그는 목련 꽃 그늘 아래서 '젊은 베르테르의 슬픔'을 슬퍼하고, 달빛 창가에서 인간과 세상을 사유하는 낭만적이면서도 평범한 모습을 하고 있다.
　그러던 어느 날, 청년의 삶은 그를 찾아온 S서 형사로 인해 처참하게 부서진다. 북으로 넘어간 공산주의자인 아버지 때문이다.
　그리고 단지 아버지가 공산주의자였다는 이유로 경찰서로 끌려간 그는 복날 개처럼 얻어맞는다. 그를 멸시하고 때리는 형사들은 일제시대, 일제 순사의 앞잡이로 독립군을 때려잡았던 '특고'들로서, 해방이 되자 이번에는 좌익을 때려잡는다는 명분으로 화려하게 부활한 사람들이다. 독립군을 잡아 고문했던 자신의 과거를 숨기기는커녕 그 시절의 화려했던 무용담을 아예 대놓고 자랑하는 치들이다.
　청산하지 못한 역사의 부조리, 자본주의의 밀실의 광장에서 펼쳐지는 몰 인간성에 실망한 그는 결국 아버지가 있는 북으로 넘어간다. 그러나 사회주의 북한 역시 부조리 천지였고, '자아비판'이라는 날 선 송곳의 대가리에 피 흘리고 있었다. 칼 마르크스가 인류를 구원하리라고 주장했던 문명 공산사회도 '스탈

린과 크렘린 궁'이라는 새로운 제왕적 벽에 부딪쳐 무참히 깨져버린 것이다.

마침내 동족끼리 총부리를 겨눈 한국전쟁이 터지고, 남쪽 측에 포로로 잡힌 그는 정전과 함께 진행된 포로교환 때 남과 북을 단호하게 거부, 제 3국행 배에 오른다.

마카오 인근에서 인도로 향하는 타고르호의 어느 아침, 전날 저녁까지 있던 이명준의 모습이 보이지 않는다. 남중국해 깊은 바다에 몸을 맡겨버린 것이다. 전쟁 통의 동굴에서 꽃 피었던 은혜와의 사랑, 그 사랑의 선물이었던 뱃속의 딸, 뱃전을 따라오는 갈매기 두 마리….

마침내 '내 딸아!'라는 외침으로 터져나온 이명준의 복장 끊어지는 깊은 아픔, 독자도 마침내 여기서 눈물을 터뜨리고 만다. 못난 조국의 타살이었다.

* * *

『광장』은 처절하리만큼 단단하게 새겨진, 또한 한 시대를 광범하게 조명한 역사의 기록이다. 실로 님 웨일즈의 소설 『아리랑』에도 등장하는, 1919년 삼일만세운동의 처절한 실패를 보고 11살에 '국제과부 조선'을 떠나는 소년 김산, 해방이 될 때까지 돌아오지 않겠다고 울부짖던 그의 모습이 『광장』에 있다.

상해임시정부의 백범 김구 선생과 그를 암살했던 안두희도

이 『광장』에 있다. 해방 후 귀국한 의열단의 독립운동가 약산 김원봉 선생과 그를 조롱하고 탄압, 고문했던 일제 순사 출신 수사과장 노덕술 역시 바로 이 『광장』에 있다.

조국을 배반하고 일제에 협력하며 호의호식했던 세력들이 오히려 자기 목숨, 가족의 운명까지 제물로 바치며 싸운 독립운동 세력들을 청산해버린 오욕의 역사, 남북 분단의 부조리는 지금도 풀지 못한 한반도의 숙명일 것이다.

60여 년 전 그 '밀실의 광장'은 어쩌면 지금도 여전한지도 모른다. 아직도 우리는 분단사회에 살고 있으며, 다양한 부조리들 속에서 살아가고 있다.

S서 형사에게 끌려가 험악하게 얻어맞고 풀려난 명준이 경찰서 옆 풀섶에 누워 읊조리는 글귀가 귀에 선연하다.

좋은 철
궁리질 공부꾼은
보람을 위함도 아니면서
코피를 흘렸는데
내 나라 하늘은
곱기가 지랄이다.

조세희, 『난장이가 쏘아올린 작은 공』

원제보다 '난쏘공'으로 더 많이 검색되는 책이다. 1975년부터 연작으로 발표, 78년에 한 권으로 출판됐고, 제목과 동명의 단편은 76년 겨울에 발표되었다.

'아름다운 청년 전태일'이 근로기준법을 준수하라며 분신으로 저항한 지 6년이 흘렀지만 여전히 근로기준법이 개호주의 안경이었던 즈음이었다. '인간백정 김일성을 찢어 죽이자'는 무시무시한 표어가 적힌 대형 시멘트 탑이 동네 입구마다 서 있고, 술자리에서 한 마디 잘못했다간 감옥으로 직행하는 서슬 퍼런 독재, 막걸리 보안법 시대였다. 이 시대에 근로기준법이 존재했다면 그건 십중팔구 '사용자를 위해 노동자가 지켜야 할 근로기준'이 분명했을 것 같다.

*　*　*

하물며 시대의 폐부를 찌르며 손에서 손으로 저항의 불씨를 퍼뜨렸던 '난쏘공'인데, 이를 펴낸 출판사 대표나 작가가 살아남았다는 건 명백한 부조리다. 그런데 안타까운 것은 '난쏘공'이 40여 년 전의 암울했던 추억의 이야기가 아니라는 점이다. 아마도 작가 조세희는 당시의 시대상에 대한 통찰보다 40년 후 한국의 실상을 예언하는 것이 목적이었던 것 같다.

* * *

　30만원이 없어 임대 아파트 입주를 포기하고 새 터전을 찾아 떠나는 재개발 지구의 철거민들. 행복 3구역 재개발지구는 9월 30일까지 철거하지 않으면 강제철거하고 철거비를 징수하겠다는 낙원구청장의 경고장이 날아든다. 최후까지 버틴 사람들로부터 25만원에 입주권을 긁어모은 양복의 사나이는 하룻밤 사이 입주권을 40만원에 되판다. 마루에서 마지막 식사를 하는 동안 철거인부들이 쇠망치를 들고 기다린다. 식사가 끝나고 어머니가 상을 집밖으로 들고나가자 쇠망치들은 순식간에 집을 허물어 버린다. 우리는 서울 근교의 은강시로 기어들어간다.

* * *

　"용산참사는 30년 전보다 더 야만적이다. 70년대 철거깡패들은 눈이 마주치면 상대가 인간이라는 걸 깨닫고 물러서곤 했는데 용산의 철거민들을 뜨거운 화염 속에서 죽인 것은 범죄와 학살을 막지 못한 우리 모두의 책임이다. 철거로 삶의 터전을 잃은 난장이가 벽돌공장 굴뚝에서 자살했었다. 쌍용자동차의 해고 노동자와 뉴타운 개발 피해자들의 자살이 뒤를 잇고 있다. 힘과 법으로 무장한 가진 자의 경제논리가 모든 것을 삼켜버렸다. (조세희)

* * *

"가난하고 무지한 난장이를 아버지로 둔 우리는 남아프리카의 원주민이 일정구역에서 보호를 받듯이 이질 집단으로 보호를 받았다. 공부를 하지 않고는 이 구역 안에서 한 걸음도 밖으로 나갈 수 없다는 것을 깨달았다. 세상은 공부를 한 자와 못한 자로 엄격하게 나뉘어 있었다. 끔찍할 정도로 미개한 사회였다. 생존비를 위해 공장으로 내몰린 우리는 첫 번 째 싸움에서 벌써 져버렸다."

* * *

"명문대 진학의 3조건은 할아버지의 돈, 엄마의 정보력, 아빠의 무관심이다. 이미 개천에서 용 나는 것은 시스템적으로 불가능하게 돼버렸다. 부와 가난의 대물림은 질서가 되었고, 학벌중심의 기득권은 더욱 더 강고해졌다. 부가 학벌과 스펙을 만들고 학벌과 스펙은 다시 부를 키운다. 10%가 집, 땅, 돈, 권력 등 힘의 90%를 움켜쥐고 있다. 양극화의 블랙홀은 아예 100%를 향해 치닫고 있다.

난장이의 손자는 싸움도 해보기 전에 88만원의 비정규직과 백수로 내몰렸고, 대출받은 대학 등록금 때문에 신용불량자로 전락했다."

* * *

"인간의 지식은 터무니없이 간사한 역할을 맡을 때가 많다. 제군은 이제 대학에 가 더 많은 것을 배우게 될 것이다. 제군은 결코 제군의 지식이 제군이 입을 이익에 맞추어 쓰여지는 일이 없도록 하라. 나는 제군을 정상적인 학교 교육을 받은 사람, 사물을 옳게 이해할 줄 아는 사람으로 가르치려고 노력했다. 수학을 못 가르쳤다고 다음 학기엔 윤리를 맡으라고 한다. 이건 윤리를 시간표에서 빼겠다는 의도였는데 우리만 몰랐다. 제군과 나는 어느 틈에 목적이 아닌 수단이 돼버린 것이다."

* * *

"조선일보 : 구두회사에서 월급 200만원을 받으며 영업직 사원으로 일하는 이모(31)씨는 결혼식을 미뤘다. 대학에 들어간 여동생 등록금 때문이었다. 여동생은 몇 차례 휴학을 거쳐 지난 해 간신히 대학을 졸업했다. 하지만 그를 기다리는 건 험난하고 고통스러운 취업난이었다. 학원강사, 무역회사 경리 등 비정규직 일자리를 얻어 생활비를 벌었다. 그러나 이런 자리도 계속 구하기 힘들었다. 지금은 무직 상태다."

＊ ＊ ＊

　어느 것이 40년 전 이야기이고, 어느 것이 지금의 이야기인지 확실히 구분이 안 되는 사람은 『난쏘공』을 읽어보면 알게 된다. 구별이 된다면, 이 책을 다시 읽으며 시대정신을 회복해야 한다. 난장이와 그의 가족들이 정녕 바라는 이웃과 정치인은 진정으로 그들의 고통을 알아주고, 함께 져줄 사람이다.

　'어느 여름날 연못 속에 붕어 두 마리, 서로 싸워 한 마리가 물 위에 떠오르고, 그놈 살이 썩어 들어가 물도 썩어 들어가 아무도 살 수 없게 되는 연못.'

　난장이가 어두운 밤하늘에 쏘아 올렸던 작은 공은 '검은 쇠공'이었다. 악당을 죽이는 검은 쇠공.

루쉰, 『아큐정전』

　1983년 가을 오후 4시, 한바탕 접전으로 최루탄 가루가 자욱한 교정. 대학생인 우리를 가르치시던 한 노 교수님께서 이렇게 한 마디 하셨다.

　"너희들은 뭘 알고나 눈물 흘리니 됐다. 하지만 이유도 모른 채 낑낑대는 골목의 저 강아지들이 참으로 불쌍할 따름이다."

6　차가운 머리, 뜨거운 가슴　　**235**

강아지들로서는 말 그대로 공포스러운 하루였을 것이다. 난데없이 펑펑 소리가 들리더니 눈이 불타는 것 같았을 것이다. 말 그대로 마른 하늘에 날벼락이라고나 할까.

게다가 강아지들은 최루탄에만 낑낑대는 것이 아니다. 눈이 내려도 그 눈이 뭔지, 아무것도 모르고 껑충껑충 뛰어다니기만 한다. 한 순간에 세상이 온통 하나의 색으로 변해 놀랍고 발바닥은 차갑기만 하니, 웬일인지 정신 못 차리고 우왕좌왕 뛰는 수밖에.

* * *

아큐(阿Q)는 청나라 말기에 살았던 성도 이름도 정확하지 않은 일자무식, 시골의 날품팔이 청년으로 살았던 인물이었다. 그는 집도 절도 없이 사당에서 지냈고 사람들은 그를 아퀘이〈Quei〉라고 불렀다.

이 인물에 주목한 루쉰은 그의 이름을 아큐라고 정리했는데, 일설에는 이 이름의 '큐(Q)'가 변발한 청나라 사람들의 머리 모양을 상징하며, 루쉰이 주인공 아큐를 통해 당시 중국인의 무지몽매함을 꼬집으려 했다고 전하기도 한다.

* * *

아큐는 위에서도 말했듯이 아무 생각 없는, 무지몽매한 '잡놈'이다. 자신보다 강한 사람에게는 시종일관 얻어맞고, 자신보다 약한 사람은 이유 없이 괴롭힌다. 하지만 그는 뭐에든 개의치 않는다. 때리든 얻어맞든 이기는 건 항상 아큐 자신이라고 생각하기 때문이다. 그는 나를 때린 놈은 고결함을 모르는 돼지라고 욕을 퍼붓는다. 자신은 여전히 고결하고, 그놈은 돼지다, 그러니 내가 이겼다, 이제 잠들면 그만이라고 생각한다.

루신은 이런 아큐를 통해 종이호랑이로 전락했음에도 대국인 자아도취에서 깨어나지 못하는 당시 중국인들의 어리석음을 풍자하고 있다.

* * *

아큐는 혁명당을 싫어하지만 여기에 근거는 없다. 이유가 있다면 그저 혁명은 반역이고, 반역은 자신에게 좋지 않을 것 같아서다.

그러던 어느 날, 아큐는 명망 있고 지체 높은 거인 영감이 혁명당을 두려워하는 것을 목격하고는 혁명당이 되기로 결심한다. 자신을 무시했던 나쁜 놈들을 죽여 버리기 위해서다.

이후 아큐는 아무도 임명해주지 않았건만 스스로 혁명당원이라고 떠벌린다. 혁명당원이 되었으니 갖고 싶은 것, 맘에 드는 여자도 모두 자기 것이라고 생각한다. 혁명당원과 직접 만나거나 본 적도 없던 아큐가 혁명을 위해 한 짓이라곤 그게 전부다.

그리고 조씨의 집이 약탈당하던 저녁, 아큐는 다시 혁명당을 증오하게 된다. 그렇게 큰일을 벌이는데 자신을 부르지도 않고, 자기 몫을 하나도 챙겨주지 않았다는 이유였다. 결국 아큐는 이들을 관청에 고발해서 참수형 시키겠다는 작전을 세운다.

그러나 조씨 집 약탈을 구경만 했지 정작 그들을 제대로 파악하지 못한 아큐는 오히려 혁명 정부에 약탈죄로 체포되어 사형을 구형받게 된다.

난생 처음 붓을 든, 문맹인 아큐는 자신의 사형 조서에 서명을 동그라미로 대신한다. 동그라미가 제대로 안 그려진 게 조금 속상하지만 이런 건 쓸모없는 놈들이나 잘하는 거라고 자위한다. 사람이 살다 보면 감옥에 들어갈 때도 있고, 처형도 당할 수 있다고 생각한다. 그렇게 아큐는 세상에서 사라진다.

한편, 아큐의 총살형이 결정되자 성안 사람들은 불만을 터뜨렸다. 총살형은 참수형보다 재미가 덜하기 때문이다.

* * *

루신은 『아Q정전』을 쓰면서 혹시나 후세 역사가가 '아큐'의 정확한 이름을 찾아내지 않을까 했던 기대마저 접었다고 회고 한다. 그때쯤 되면 자신의 『아Q정전』 따위는 까맣게 잊힐 것이라고 생각했기 때문이다.

그러나 그 생각은 틀렸다. 이 작품이 쓰인 지 100년 가까운 시간이 흐른 지금도 『아Q정전』은 불후의 명작으로 세계 도처에 살아 있다. 특히 무지몽매한 민중들 사이에서 진정한 혁명이란 어떤 것이어야 하는지를 논하는 자리에서는 일종의 교과서로 읽힐 정도이다.

지금처럼 매스미디어와 SNS가 존재하지 않았던 작품 속의 시대, 아큐가 살던 시골 사람들에게 알려진 혁명당원들의 모습은 흰 갑옷에 흰 투구로 상징되고 있다. 그리고 매스미디어와 SNS가 대세인 지금, 트위터에 만개한, 정체불명의 온갖 루머와 거짓말들은 어떤가. 이 역시 다양한 색깔의 갑옷과 투구로 무장하고 있다. 그 시대나 지금이나 다를 게 하나도 없다.

우리 시대의 '아큐'는 자신이 이익을 추구하는 개인일 수도 있고, 이전투구로 권력을 잡으려는 집단일 수도 있고, 국가에 무조건 복속하는 국민일 수도 있다.

최근 들어 국제정세에서 패권 양극화가 극심해지고 있다. 서로 힘겨루기를 하며 자신의 위치를 점령하려 든다. 세계 곳곳에서 국지전이 벌어지고, 뺏고 빼앗기는 게임이 진행중이다.

* * *

이런 싸움을 제대로 바라보고 쉽사리 휩쓸리지 않아야 '아큐'가 되는 길을 피할 수 있다. 그러려면 아큐처럼 무지몽매해지지 않기 위해 기를 써야 한다.

모르면 공부하자. 다만 이들보다 더 큰 골칫덩이는 다 안다는 사람, 자신이 무조건 정답이라고 빡빡 우기는 사람들이다. 아예 모르는 아큐나 그들 같은 천재나 행복한 미래에 도움이 안 되기는 마찬가지다. 극과 극은 통한다.

| 맺음말 |

마지막 등불이 꺼지기 전에

답답해 미칠 지경이다. 지하철에서 번뜩 그 책의 기억이 떠올랐는데 저자와 책이름이 기억이 안 난다. 뭐였지? 누구였지? 머리 안에는 조각난 몇 개의 글자들만 뱅뱅 돈다. 책 읽는 데 방해가 돼서 스마트폰을 안 쓰다 보니 인터넷도 뒤져볼 수가 없다. 집에 들어오자마자 컴퓨터를 켰다. 기억의 편린들을 모아 검색창을 두드렸다. 그리 오래지 않아 '그래, 바로 이서였어!' 탄성이 튀어 나온다.

1979년, 지금으로부터 정확히 34년 전이었다. 소년은 섬으로부터 이역만리(?) 대도시로 유학 나온 고등학교 1학년이었다. 언감생심 하숙은 꿈도 못 꾸는, 흔한 튀김집 한 번 들어갈 형편이 못 되는 자취생이었지만 장차 큰 위인이 될 거라는 꿈으로 시계추보다 재미없는 도시의 학창생활을 버티었다.

바로 그때 소년에게 정말이지 소중한 친구이자 스승이 나타났다. 그는 소년이 외로워할 때마다 다독다독 섬 소년의 마음을 쓰다듬었다. 그뿐 아니라 소년이 장차 커서 무엇이 될 것이며, 어떻게 살아갈 것인지도 밤낮으로 가르쳤다. 소년 역시 시험성적으로 낙담하거나, 예쁜 여고생들과 극장에 가는 친구들이 부러울 때나, 맨밥에 '샘표간장' 비벼먹고 찬물 들이키는 날이면 어김없이 그를 찾았다. 그와 한두 시간 지내다 보면 어느새 소년의 마음은 미래에 대한 무한한 기대와 용기로 가득 찼던 것이다.

「마지막 등불이 꺼지기 전에」(저자 숭전대 철학과 안병욱 교수, 문학예술사 刊, 정가 1천 1백원) 소년의 친구이자 스승은 바로 이 한 권의 책이었다. 그런 책이 있었다는 기록만 있을 뿐 이제 그 책은 없다. 온라인 서점의 중고방에도 없다. 어떤 내용이었는지 단 한 줄의 기억도 없다. 아마도 청소년들의 꿈과 희망을 북돋았을 것 같다는, 감수성 예민했을 적에 '그래, 착하게 살아야지' 다짐하게 하는, '인생은 고진감래(苦盡甘來)이니 오늘의 어려움을 참고 견디자'는 각오를 다지게 하는 그런 류의 내용들이었을 것으로 추측될 뿐이다.

이후로 34년, 수많은 책들이 내 곁을 스쳐갔고, 스쳐가는 중에 일부가 내 곁을 지키고 있다. 1979년, 「마지막 등불…」의 그 해에 나온 「진달래꽃」(김정식(김소월), 일종각, 정가 1천5백원) 고3년 2월, 백마 타고 알프스 가리키는 붉은 망또의 나폴레옹 그림을 책상 앞에 붙이며 '어떠한 난관도 이겨내 명문대 가자!'는 각오로 없는 돈 들여 샀음직한 「헬렌켈러 자서전」(윤문자 역, 집문당, 1981년, 정가 2천 원), 안병욱 교수의 책이 나올 때마다 환호하며 읽었던 것들 중에 하나였을 것 같은「지상에서 가장 아름다운 것」(갑인출판사, 1983년, 정가 3천 원), 갓 대학생이 된 청년의 가슴과 머리를 이후로도 아주 오랫동안, 어쩌면 지금까지도 지배해 왔을「당신들의 천국」이청준, 문학과지성사, 정가 3천 5백 원)이 여전히 책꽂이 정중앙의 VIP 석을 차지하고 있다.

  오늘은 안병욱 교수의「지상에서 가장 아름다운 것」을 들썩여 보면서「마지막 등불이 꺼지기 전에」를 다시 읽을 수 없다는 아쉬움을 달래나 봐야겠다.

놓치기 아까운
젊은날의 책들

1판 1쇄 인쇄 | 2013년 08월 05일
1판 1쇄 발행 | 2013년 08월 12일

지은이 | 최보기
발행인 | 이용길
발행처 | 모아북스 MOABOOKS

관리 | 정윤
디자인 | 이룸

출판등록번호 | 제 10-1857호
등록일자 | 1999. 11. 15
등록된 곳 | 경기도 고양시 일산동구 호수로(백석동) 358-25 동문타워 2차 519호
대표 전화 | 0505-627-9784
팩스 | 031-902-5236
홈페이지 | http://www.moabooks.com
이메일 | moabooks@hanmail.net
ISBN | 978-89-97385-33-1 03320

· 좋은 책은 좋은 독자가 만듭니다.
· 본 도서의 구성, 표현안을 오디오 및 영상물로 제작, 배포할 수 없습니다.
· 독자 여러분의 의견에 항상 귀를 기울이고 있습니다.
· 저자와의 협의 하에 인지를 붙이지 않습니다.
· 잘못 만들어진 책은 구입하신 서점이나 본사로 연락하시면 교환해 드립니다.

모아북 는 독자 여러분의 다양한 원고를 기다리고 있습니다.
(보내실 곳 : moabooks@hanmail.net)